# フランス舞踏日記 1977–2017

Le journal de butô en France: 1977–2017

古関すまこ

Sumako Koseki

をどるたましひ

L'âme dansante

論創社

フランス舞踏日記 1977～2017 目次

## 第二章　フランス舞踏日記



## 第三章　闇は光でいっぱい

## 第六章　地球に踊る

# はじめに

「ああ、花を食べる人たちって、本当にいるんだ」

二〇一七年夏、南仏のセヴェンヌ山地。一〇〇〇メートルほどの峠ですが、前は平野が広がってアルプスのモンブランまで見えます。人家はここジェレミーの家だけ。道は岩がゴロゴロしてジープで迎えに来てもらうしかない。でも、ここに一〇数名の人がやってきて舞踏をしようというのです。そして、その夕食で出たのが、花のちりばめられたサラダだった、というわけです。こんな地球の裏表の遠い距離、そして舞踏の始まりから長い時間が過ぎたことを感じます。

舞踏の始まりは、六〇年安保に向かう政治的闘志と社会的興奮に充ちた時代のなかでした。世界的にも、行き過ぎた物質社会、現代文明に批判ののろしを上げてヒッピーの運動が沸き起こり、演劇や舞踊界にもその波紋は広がった熱い時代。と言ってもその当時のことは、まだ子どもだった私には知る由もないのですが、東京に出てきて芝居や踊りに関わり始めた七〇年代にもその熱の余波は十分にありました。と言うより、いま思うと、実験的な色合いから始まった舞踏がいわば爛熟期（あまり舞踏にはふさわしくない言葉ですが）に入り、演出・振付から各ダンサーの技量まで、ある完成形のようなものに至っていた感じがします。そんなよき時代であったのに、私は、高度成長期の日本から逃れるように、そして私自身の私的な理由からフランス在住の身となり、それが予想外の長居になりました。

それから日本にはいろんなことが起こったらしいのです。まずは経済。膨らみに膨らんだバブルがはじけました。七〇年代にはまだ感じられた闘志は収束し、体制に取り込まれ、そこにシラケた虚無感を残し、さらにその後、若い世代は引きこもりやイジメという現象に苦しんだと聞きました。ちなみに引きこもりやいじめはフランス語には訳されずに、そのまま"hikikomori""ijimé"と書かれて、ジャポンの驚くべき現象として雑誌で紹介されていました。

二〇〇〇年代初め、私は二十数年ぶりに日本に帰ったウラシマでした。空港で「国鉄」を探し、ずいぶんたって目の前のJRがそれに代わったと理解。ジャングルで発見された元日本兵や、北朝鮮の拉致被害者帰国のニュースなどを見て、同じだと感じたものです。当然のこととして舞踏も、私が出て行ったころとは変わっていました。そのことになによりウラシマは愕然としたものです。世界の中に据えられつつあった舞踏と本家本元の日本の舞踏の違い……。

私がこの本を書こうという気になったのは、まず、ヨーロッパでの四〇年の舞踏体験を日本の読者に知ってもらいたいからです。とにかく舞踏はフランスでは大人気の大入り満員。さらにこの哲学好きな文化国家は、舞踏をマジメな研究対象とし、国立科学研究所が『舞踏(BUTÔ(S))』という大部の一般向け研究書を出して、再版にまでなるという勢いです。私自身、アルベール・カミュと近しかった女優さんと国立劇場で、またフランソワ・トリュフォーの映画にも出演した有名俳優とバタクラン劇場で、と数々の大きな舞台で踊ったり演じたりする経験をしました。一方では経済破たん厳しいギリシャのクレタ島の片田舎にも、三〇年続いている舞踏ワークショップグループができ、南仏セヴェンヌでは、がん末期の生徒が三年目の参加を遂げ、最後の命の光のような踊りを踊ってくれました。地球のさまざまな場所で多くの人たちと分かち合えた舞踏という「たましひの踊り」の広さ・深さを、私自身まだまだ驚きの目で発見し続けています。

私は数学者の娘として生まれ、東京大学で学びながら舞踏へと向かったのですが、そのいきさつは、「理性の国」フランスが「非理性のカラダ」の舞踏を求める姿とダブって見えることがあります。なりゆき任せの人生でしたが、一度すべてを捨てて、異邦人としてアノニマス（匿名）になるなかで、少しだけ「闇（＝光）」の世界を歩み始められたことを感謝しています。

舞踏には時に「オドロオドロしい、わからない」などの声が聞かれます。けれども、あらためてその出発点を覗くとき、そこには「真の闇の中は光でいっぱい」という言葉があります。合理社会が突き進んだ結果、何か私たちが忘れてしまったものがあるのではないか？　そう考えます。理性で仕分けされる以前の混沌がはらむ原石の輝き、その「闇（非理性）の光」の世界に一歩でも深く分け入ることを願いつつ。

二〇一八年二月

# 序章

この本で、私が紹介したいことの中心は、「アタマでっかちの理性主義の国フランスが日本のカラダの思想（と実践）にいかに活路を求めようとしているか」、それを示すことにある。つまり、いくら理性で考えて考えても行き着けぬ限界、それは違うやり方でパッと乗り越えられる。それは何かといえば、簡単である。「考えることをやめる」のである。フランスには五〇年代から、禅が破竹の勢いで広まり、多くの人が座禅を実践している。同じく合気道も日本の比ではないほど広まった。ヨーロッパ各地どんな田舎に行っても合気道道場があり、老若男女が熱心に通っている。そこでも自己を「無」にして相手と気を合わせる、一体になるなどが教えられている。つまりは「無になれ」、「考えるな」、「カラダごと直覚せよ」というデカルト理性主義と真反対のものに、彼らはいま強く惹かれているのだ。

舞踏への熱い注目はこの延長線上にある。つまりアタマの理性が光であるとすれば、カラダの非理性は闇と呼ぶことができる。舞踏の創始者土方巽は、「体の闇を食う」という言い方をするが、「闇、暗黒」は非理性のカラダの復権の提起である。ところがこの闇、暗黒という言葉には落とし穴がある。つまりそこには「悪、罪、恐怖」などの価値観が付着されやすい。そのため暗黒舞踏の「暗黒」は初めからゆがんだ解釈に陥ることが多かった。同じく「突っ立った死体」の「死体」や「危機に立つ肉体」の「危機」などの舞踏のキーワードも、ことごとく誤った解釈をされてきたと思う。本書の第三章は、こうした誤解の払拭も含めて舞踏そのものをとらえなおす試みである。

「笑いによって、さあ、この重さの霊を殺そうではないか。いま私は飛ぶ。いま私を通じて一人の神が舞い踊っている」これはニーチェがツァラトストラに言わせている言葉だが、舞踏には実はこれと同じ精神が通っている。土方巽に、「こっけいじゃなきゃいけない、恐怖を溶け込ませる鏡というのですか、そういう状態に舞踏家は基本として立たなければいけない」（宇野亜喜良との対談）という言葉もあれば、「紙芝居」、「ガラクタ置き場」とみずからの作業を名づけるときもある。

舞踏の暗黒、死者、危機などの言葉への重い価値判断、かつ文字どおり受け取るという短絡的解釈が、それらと表裏一体の軽さ、明るさ、青空のように気まぐれな子どもの遊び心という重要な要素を消してしまっている。もっと驚くべきは、舞踏の「美、精緻」の追及ではないだろうか。「あなたは美しい。こんな美しさは見たことがない。見たことがないような美しさだった」（大野一雄）、「ハプニングは正確でないから嫌い」、「モダンがバレエを超えたことはない。美しさから言っても精緻さから言っても」（土方巽）のような言葉をしっかり受けとめたい。

巷では「美」や「形式」などはおよそ舞踏の対極にあると思われ、暗い、内向的、重い、「技術のないデタラメ」などの先入観が入り込んでいるのは、なぜなのだろう。

それは、舞踏は理性支配に抗する「肉体」の叛乱なのだが、理性の動物ホモサピエンスの脳は、もはや無意識のうちに働く理性機能から抜け出られがたい構造になっているからだろう。理性をストップすることを求めて人は座禅を行い、あるいは薬物を摂取したりするが、そんなことをしなければ、人間の理性は一瞬たりとも止まらない。かろうじて火事場のバカ力のように、考える間もなく、何かをやってしまうという例外があるだけである。

しかしここにもう一つ理性をストップさせる（無、空っぽになる）方法がある。それは子どものように夢中で遊ぶことだ。時に何かにカラダを乗っ取られる（憑依される）ほどまで。土方が、「躓いて転ぶ間に花になる」、「空っぽのたえざる入れ替え」、「空虚のように生き生きと」などと言い続けたこと、玉三郎が「自分でないもの」になったときだけ、地上を離れて「舞った」気分になる、と言っていること、アメノウズメの昔からあった憑依の踊り（ワザオギ）などが、それである。

こういう軽さと遊びの「空っぽ」には善も悪もない。ニーチェが善悪の彼岸に示している子どものいたずら、気まぐれである。晴れ晴れとした空っぽである。それなのに、後世が「暗黒、死者、危機」などの舞踏キーワードに善悪の価値や、恐怖、醜などの陰をまとわせたのは、理性の「重さ」による。子どものようなピュアな気まぐれに飛び立てない「濁り」による。とはいえ、それはホモサピエンスの日常的思考からすれば当然であって、舞踏体（舞踏するカラダ）のほうが非日常的な超常状態であることは確かである。

本書では、理性で舞踏を解釈することを避ける新しい切り口として、踊るカラダに何が起こっているのか、舞踏体の筋肉、血流、関節、情動、憑依などの具体的機序と、それらを統御する脳の仕組みに焦点を絞る。爬虫類脳、下等動物脳、そして人間の理性脳の間の関係を見ることで、舞踏体の秘密の多くが明らかになってくる。

数百万年前、人類の祖先は二足歩行によって、ほかに類をみない脳を得た。太古の動物には、生存に直結した反射機能を持つ爬虫類脳だけ。下等哺乳類に至って、ようやく大脳旧皮質がうっすらと爬虫類脳を覆い始めたにすぎない。ところが二足歩行によって重いアタマを支え、手を使って道具を駆使し始めたニンゲンは、まったく違う大脳新皮質を爆発的に発達させた。その機能のうち一つ決定的なものをあげるとすれば、象徴機能だろう。ニンゲンだけが具体物を表象で象徴する。その代表は言うまでもなくコトバだ。こうして直接の個々のモノから自由になった（疎外された）表象を操ることで、人間の文化は限りなく発展した。

しかしそこで失ったものはなかったか？ この問いが舞踏の発した問いだ、という見方をしてみよう。たとえば表象（コトバ）から漏れてしまったまま、カラダの無意識に封じ込められたものたち。表象以前の個々の、手触りも匂いもあるモノの直接感覚。そして爬虫類脳のアタマを介さないアッという間のアドレナリン反応。その危機反応がさびついてはいないか？ 下等哺乳類脳（情動脳）のカラダごとの情動、たとえば怒った猫が一瞬で牙をむく反応。それを押しとどめていないか？ 古代共同体にはトランス（理性ストップ）状態で祖先の霊と結びつく儀式があった。いま私たちの存在の根源的な力はどこに続いていくのか？ 合理性社会で失われたそういう動物の機能、生き生きした情動、連続する命。これらのものを取り戻そうと舞踏は呼びかけている。こうとらえると、難解と言われる土方巽の文章も驚くほどスラスラとわかるのである。

本書の第五章では、さらに両義性の側面をとらえる。理性の判断（仕分け）は白黒つけないと気がすまないのであるが、非理性のカラダは白も黒も両方あっていい、あるがままである。つまり両義的である。「狂気だけど狂人では無い」（大野一雄）、「即興という完全な形式」（笠井叡）、「闇の中は光でいっぱい」、「励まされたからっぽ」（土方巽）のような、一見反対と思われている二つの概念を同時に組み合わせた言葉であふれている。カラダの非理性（無意識）は理性のように割り切らず、生きて動いている。両方の淵を合わせて臨みながら、そのただなかで、綱の上の自転車乗りのように絶えず進んでいなければ転ぶ。

両義性の考え方は東洋思想ではとうの昔からあった。空即色や一即多など「即」で結ぶとらえ方がそれである。西田幾多郎は座禅の直覚を、「自分が世界であり、世界が自己である、物となって見、物となって行う」といった言葉で書き留めた。それは舞踏の「モノ自体になる」体験と酷似している。またメスカリン体験を綴ったオルダス・ハックスレーの「私は椅子であり、椅子は私であった」という記述とも響き合う。

この本の大きなテーマである「闇の中は光でいっぱい」は、大きな謎に満ちた言葉であり、またその謎に迫ることが、舞踏の真の理解への道を照らすと考えている。メスカリン体験の記述は「闇（非理性）の光」の一つの手がかりである。さらに非理性の光の正体を求めて、知的障碍者の作品などにも触れる。ダウン症の書家金澤翔子の書の前に立ったときの、形容しがたい驚きは、何と言ったらよいのだろう。「何とも言えない」のが非理性の闇だが、実に明るい闇であった。無垢のカオスは、いわば天に開かれて、自ずから、強さと美しさを現わす。だから無知＝非理性という「闇」は「光でいっぱい」なのだろう。

理性に対する「肉体」の叛乱は、「根源的ないのちの力」、「モノになるカラダの直覚」の提起だ。もしもいま、巷に自己閉塞的でファッション的なゾンビ振りが舞踏だと見られる向きがあるとすれば、舞踏はそのような次元とは異なる、存在論レベルからの理性支配・管理社会への「叛乱」であることをとらえたい。そして、管理社会の網の目がますますがんじがらめにはりめぐらされていく日本社会にあって、完全に「飼いならされ」てしまう前に、「人間の営みを支える力を取り返そう」という土方巽の叫びは、いまでも、いや、いまこそ耳を傾けるべき言葉だと日々感じている。

# 第一章　渡欧まで

## VAVスタジオと大野一雄

一九五九（昭和三四）年の土方巽と大野慶人《よしと》による『禁色』は、日本芸術舞踊協会（現代舞踊協会）を騒然とさせ、舞踏の存在を世に知らしめた一つの結節点であったらしい。もちろん舞踏は突然その日に生まれたわけではない。だから、私が舞踏に足を踏み入れた一九七〇年代は、その発生から一〇年以上もたっていたわけだ。それでも舞踏は、二〇歳の私にとっては衝撃であったし、いま振り返ると、まだまだ発生時のエネルギーと熱のあふれていた時代だった気がする。土方巽はもうめったに踊らなくなっていたが、芦川羊子の体の中で踊りを繰り出していた。私は芦川さんの踊りを見るために、アスベスト館に熱心に通った。一九七四年から一九七六年ごろにかけて、『暗黒版—かぐや姫』、『ひとがた』、『鯨線上の奥方』その他の作品を夢中で見に行った。

その出会いが始めにあったせいだろう。「暗黒舞踏」という言葉を聞いたとき想像されがちな「暗い世界」という印象を、私自身は持てない。つまり芦川さんたちの踊りはまぶしかった。閃光のごとき光に貫かれた暗黒、まばゆい異界であった。まさに『ひとがた』という題名を裏切らない、顎のはずれたからくり人形のような存在が次々に変化《へんげ》するのを呆気にとられて見ていた。なんだかわからないけど心揺さぶられた。「美しいなあ」と思った。おかしくて笑ってしまうこともあった。

しかしながら、私が直接舞踏を習ったのは、このアスベスト館や暗黒舞踏派ではなかった。実は及川廣信を通じて、発生期の舞踏家たちとつながっているのだが、土方さんから直接教えを受けたことはない。及川廣信は、一九五〇年代にフランスに渡り、舞踏の創始に関わるものを持ち込まれた、舞踏の陰の立役者のような舞踊家である。及川さんはもともとバレエの方で、フランスのコンセルバトワールでバレエを深化させ、エティエンヌ・ドゥクルーの学校でマイムを習得し、革新的な演劇論を唱えたアントナン・アルトーの思想と技法を日本に持ち帰った。

私の舞踏の師であった三浦一壮は、帰国後の及川さんにいち早く弟子入りをした人だった。及川さんのもとに、その後の舞踏の開花に関わる大野一雄・慶人父子、土方巽などが出入りした。そこで三浦氏も及川廣信と大野一雄からマイムや舞踏の薫陶を受けたので、私はその下流にたどり着いて指導を受けることになった。

一九七〇年代半ばの三浦一壮のVAVスタジオには、大野一雄、田中泯、音楽家の小杉武久、評論家の市川雅、衣装家の和田エミなどもよく来た。大野一雄はその時期公演は控えて、映画製作(『O氏の肖像』など三部作)を主にしておられたが、珍しくお弟子さんの武内靖彦のスタジオ公演に応援で踊られたことがある。その姿も、二〇代の私の目にはっきり焼きついている。黒いスーツに赤い鼻をつけふわりと座ったのは、一見マイムのクラウンだが、そのステレオタイプを超え、あの独特の包み込むような微笑みや手が、すでに世界にただ一つの大野一雄の踊りであった。もう六〇歳をとうに過ぎていた大野さんが、三浦さんに朗らかに、「三浦君、ぼくの青春が始まるよ」と言うのを、私は隣にかしこまって聞いていた。それから間もなく、後に世界を席巻することになった作品『ラ・アルヘンチーナ頌』に挑まれた。

同じくVAVスタジオで印象に残っているパフォーマンスに、田中泯《みん》のものがある。そのころはハイパーダンスという呼称を使っていたが、舞踏とは違い、何の背景的な感情や景色すら許さない「モノとしての肉体」、文字通り何十キロかの肉と骨が真冬の床に転がっていた。厚いコートの観客が石油ストーブに張りつくようにして見ているなかで、田中泯の裸の体は一時間かかって沈む、超ゆっくり転がる、立つだけの行為をした。終わったとき、泯さんはスタジオの戸をあけて、踊りの余韻のように出てゆき、私たちもぞろぞろとついて出た。そのとき凍てつく寒さのなかで彼の背中から立ち上っていた湯気をいまでもはっきり覚えている。

VAVスタジオ以外にも、前述のアスベスト館公演のほか、さまざまな舞踏公演を見た。笠井叡がチュチュをつけてワーグナーで踊る姿にも圧倒された。一九七六年の『トリスタンとイゾルデ』(九段会館ホール)だったろう。武士のような、鋭利な刃物のような鋭く正確な動きと静謐、と同時にそれは白いチュチュの華麗な舞であり、ワーグナーばりの荘厳さ、秀麗なる容姿はナルシストと見せつつ、自分自身を笑っているような諧謔もあって、というまさに予断を許さぬ魅力であった。

このころの舞踏を四〇年以上たったいま振り返ると、それぞれの思想にもスタイルにも違いはありながら、なにかみんな熱いエネルギーで、突っ立ったり走ったりしていたという印象が残る。そしてそのような熱気にあおられるように、無我夢中で私も舞踏のスタートを切っていた。

## 金沢城の亡霊たち

このスタートに至るまでにはそれなりの紆余曲折があった。子どものころから友だちとバレエやお芝居のまねごとをするようなことはあったが、恥ずかしがり屋で、何よりぼうっと一人で夢想していることが多い子どもだった。私は京都に生まれたが、京都大学数学科の助教授であった父の転勤で金沢に移り、大学と官舎のある金沢城跡で子ども時代を過ごした。人に言うと驚かれるのだが、本当に石垣の上のお城跡に住んでいた。廃墟とはいえ、加賀百万石の遺構の城跡は夢想しながら一日を過ごすにはもってこいの場所だった。あの樹齢何百年かの大木から舞い落ちる桜吹雪、うっそうと魑魅魍魎《ちみもうりょう》をはらんだ森、竹やぶ、城壁の石垣のそこここに、亡霊たちが潜んでいたのだろうか。お芝居ごっこの楽しい登場人物になって何時間でも私と遊んでくれた亡霊たち。

亡霊といえば、私たちが京都から金沢に移ったのには奇妙ないきさつがあった。父は講師のころ、戦地の八丈島で死亡したとの誤報が大学に伝えられ、困った数学教室ではもう一人講師を探し出して辞令を下した。その直後、父が戦地から戻ったとき、教授は、「君、生きていたのか！」と文字通り亡霊を見るように言ったという。一つの講座に助教授二人という異例の事態が生じ、教授選考の折に父は金沢に出されたということだ。

戦後の混乱時の手違いから生じたこんな不条理悲喜劇は、戦争の過酷な被害の全体から比べれば取るに足らないことだろう。それでも、わが家の歯車が少しずつ狂い始めた契機は戦争だった。金沢城跡で両親は何か割り切れない思いを背負っていたのだろう。それをうっすら感じたり、時には、家族の暴力的な爆発におびえたりしながらも、私は夢想のお芝居ごっこに余念なかった。

ところが中学・高校に行くようになって事情が変わってきた。ぼんやり夢想ばかりもしていられなくなった。世の中が受験や進学に目の色を変える時代になったということなのか、岡山が特に教育県なのか。いや、私が夢想時代を脱して知恵がついたということか。とにかくそんな流れに乗って、東京大学というところに押し込まれるように入った。

東京で大学生活を始めた私は、すぐに行き先を見失った迷子のようになった。おりしも一九七〇年前夜は、大学をはじめ社会全体に大きな嵐の吹き始めた時期だった。国家レベルでの安全保障やベトナム戦争の議論に加え、大学のあり方への批判の狼煙が上がろうとしていた。田舎のしかも大学構内の官舎に隔離されたように暮らしてきた私は、「おまえは世の中のことがわかっていない」と言われるとまったく弱かった。入学とほぼ同時にデモに行ったり、討論会に参加したりするようになった。世の中は高度成長に向かってまっしぐら、教育の場では、いまで言う団塊の世代の多くが受験競争を勝ち抜き、大学という場で産学共同路線を走り、企業戦士から上級管理職に、政治家や企業家になる道を進むべく駆り立てられているらしい。成功・効率・生産性という価値観の奔流の中に私はどうやら投げ込まれているらしかった。
そうした政治議論を繰り返しながらも、私の心は何かそれとは違う次元の問題で占められていた。何とは言えない、しかし何か大きな不安。この手に触れられる何かしっかりした実体、手ごたえのなさ、実感のなさ。そのころからこんな日記のようなものを、思いついたときだけ書いていた。

日記から

・春塵舞い立つ駒場。グリーンのスーツで歩く。歩く。お母さんは私が入学してうれしいから、こんなスーツを縫ってくれたのだ。スーツにほこりが当たる。積る、でも歩く、みんなと一緒にぞろぞろと……頭の中までほこりが入って、風が抜ける。脳みそにも砂を少し積もらせて、風が吹いている。

・Iさんが自殺した。闘争の行き詰まりとか、五月危機とかいう言葉が通り過ぎる。「五月危機に気をつけろ」とは入学のときに言われていた。冬を抜けた後――それは受験競争や大学闘争かもしれない――駆け抜けた後の虚脱感のためだと言われていたけれど、本当はそれだけではないと思う。
一番怖いのは「風薫る新緑の季節」そのものだ。空が蜜を塗ったように明るく垂れて、私は新緑のような色のスーツを着ている。

闘争の戦士Iさんの飛び降り自殺は春だった。数年たって白金寮という東大女子寮でも部屋の中での首つり自殺があったが、それも春だった。俳句で「新緑」と呼べる期間はとても短い。若い葉の淡い緑は日ごとに、いや刻々というような勢いで色を濃くしてゆく。そんな生命の萌え出すころにどうしてか、死にたくなる人が増える。山も木も萌え出して空には金時計のような太陽が揺れている、そんな昼下がりにはどうしてよいかわからないほど寂しくなるのだ。温水プールのような世界ですべては希釈されているように思われた。「一瞬一瞬生きている実感」を求めた。この手で感じられること、体で生きること。本当はもっとハッとすることや、ぐちゃぐちゃに泣きながら同時に笑ったりするようなことがあるはずなのだ。

## 生きる自分と見られる自分

このころ、メルロー＝ポンティの哲学と心理学にまたがる記述の、子どもの「鏡像現象」と呼ばれる通過点に目を引かれた。自分の体の内部に感じられる体感、そして他者とも判然たる区別のない、未分化の混然一体の海をたゆたうように泳いでいた子どもが、鏡像に映る自分と初めて出会う瞬間。まじまじと見つめて、「自分にも外から見られる体があると気づく一瞬」の話だが、なぜか私はひどく興味を持った。

外から見られる客観的な客体として私の姿はある。それ自体不思議だ。問題だ。私は私のからだと感覚の牢屋から本来出ることはできないから（幽体離脱しないかぎり）、「こう見えているのだろう」という想像でしかない。鏡や写真やヴィデオで一応客体と呼べる私を見た気でいても、あの生身の相手に向き合ったときの感覚は、私自身に対してはついに得られることはない。

何の証拠もなく「客体としての私」を信じ、本来絶対的な強制力もないはずの「他者から見られる（期待される）自分」という役を健気にも「引き受けて生きよう」とする人間。考えてみるとこれは大変不思議なことだ、と私は思う。たぶん人間はそうするように生まれついているのだ、と思うのが一番いいのだろう。そもそも私は一人で生まれてきたわけでも育ったわけでもなく、絶え間なく人、親や近所の人や先生や友だちに従うべきモデルを与えられ、同化し評価されて……その連続であった。いくら私が夢想好きの子どもだったからといって、私の固い部分、正規の部分はそのような鋳型と無縁には生きてこられなかった。

一般に「鏡像現象」とセットで語られるのが「自他の分化」ということである。赤ちゃんが「ウマウマ」と言えば、お母さんは「はいはい、マンマね」と食べさせてくれ、「ワーワー」と手を振り回せば、「そうね、ワンワンね」と連れて行ってくれる。自他未分化と呼ばれるホワーッとした一体性の中に、劇的に自他分離のくさびを打ち込む出来事として登場するのが「鏡像」であった。いっぽう他者にかんしても、はじめのうち子どもは父親でも、服が変わったりいつもとは違う状況で会うと、違う人だと思ったりする。自分も恒常的な一個の存在だと思うのは時間がかかる。

また生あるものと生なきものの区別も判然としていない。子どもはアニミズムの中にいて、モノにも命があって動き出すと信じて何時間も遊ぶ。子どもはそういう渾然たる状態から次第に「自他分化」し、自分にも他者にも恒常的存在「ひとりの人間」を認めてゆく。それが成長であり、社会化の過程であり、自己の確立・他者の尊重であり……と習うなかで、私も自分の期待される役割を担い、アニミズム的な想像・夢想を失いつつあったのだろうか。

人間は生物学的未熟児として生まれる。つまりバンビ（子鹿）が生まれて数分のうちに立ち上がり歩き出すのに対して、人間の歩みはまことにのろい。立つまでに一年もかかる。しかし未熟児で手がかかるからこそ、巨大な「伸びしろ」を持って生まれてきて、母親べったりのなかで、いっぱい学ぶ時間もある。言葉を覚え、生活規範を学び、ついには文化・芸術を生み出す可能性を秘めた巨大な伸びしろ。学びは、「マナビはマネビ」というように、規範やモデルを真似るのである。子どもの「ごっこ遊び」は素晴らしい。よくもあんなに人の特徴を捉え名演技ができると感心する。文字通り「他者になる」機能がフル回転する姿である。

ここには一つの落とし穴がある。「真似び」が楽しい本能的な遊びであるうちはいい。そして一度基礎を学んだ（真似た）ツール、たとえば言語は、やがては自身の自由な創造の道具になるはずだ。しかしその段階でブロックがかかることがある。他者の目が「過酷な目」に転じ、その批判が全世界から聞こえてくることもある。ほかの動物と比べてはるかに長く抜き差しならない「愛情」、またの名を「支配」と呼ぶ人間の依存関係は危険な芽を持つ。客体化や鋳型は、自分をたわめることであり、少なくとも部分的に「殺し」ながらも、愛と引き換えにその果ての自由な創造を夢見る一種の賭けなのだが、この過程がスムーズにいく人もいればぎくしゃくする人もいる。

私が一九歳で大学もストで大騒ぎのころ、数学者だった父が被害妄想の症状を示して精神科に入院した。私も飛んでいった。「分裂病」（統合失調症）という診断で、担当医は「ここ（京大）の数学科と哲学科の先生は必ずこちらに来られますよ」と笑いながら言った。確かに孤独な頭の酷使が生み出す病気かもしれない。しかしそのとき見た精神病院入院患者の六人部屋の光景は、忘れられないものとして私の中に刻みつけられた。絶え間なく首を振っている人、声高に何事かを繰り返す人、怒っている人、よだれをたらして笑っている人……。それぞれの心の牢獄。精神の崩壊。「狂気」。恐ろしい言葉だ。人間の精神の問題、その病理の問題の研究者かカウンセラーになろうかと一時は考えた。入学当時、理科系を目指していた私は、心理学科に転科した。しかしすぐに収まりきれない自分に気がついた。そこでは私は自分の命を燃焼させられない。自らの生を燃焼しないで他人の病理などに関われるはずがないという気がした。

メルロー＝ポンティの生きる自分と見られる自分の関係に私が特に興味を覚えたのは、父の事件も関係している。人の目と自分との間の落とし穴をうまく渡りきらなければ、狂う、分裂する。それはとても苦しく恐ろしいことだとわかっていた。いくら天才的な頭脳を持っていたって、一人ぼっちになってはダメだ。孤立してみんなを敵にまわしては勝ち目はない。その目に射殺されそうになって妄想する。そうすれば狂人としかみなされない。

人の目が敵じゃなくなって、一緒に遙か彼方に、冒険の世界に、不思議な世界、怖い世界、おとぎ話の世界に……とにかくどこかに旅立ったり上昇したり遊んだりできるところがあるはず。と、そこまでちゃんと二〇歳の私が考えて、演劇や舞踏の世界に入ったというわけではない。いま思うと何かに導かれるように、そんな道に向かっていた。

## 舞踏と子ども

子どもの「自他未分化」、「アニミズム」などの要素は舞踏と決定的にかかわっている。もちろん、舞踏と聞いてすぐに「あの、子どもの世界と関係あるアレね」という人はまずいないし、それより「あのオドロオドロシイあれ?」という反応のほうが多いのが実態だが、実は「子どもの認識構造」、「体と情動の反応」、「アニミズム的世界観」などは舞踏の基本と言ってもいい世界だと思う。

舞踏の創始者土方巽の『病める舞姫』は、秋田の農家での子ども時代のこと、子どもの目で見た世界であるが、それがすなわち舞踏論なのである。

あれ(けむり虫)はきっと何かの生まれ変わりの途中の虫であろうな。

私の少年も異様な明るさを保っていた。
名もない鉛の玉や紐などにスパイのような目を働かすのであった。

『病める舞姫』『土方巽全集Ⅰ』河出書房新社

アニミズムの世界をすり抜ける少年は「異様に明るい」。土方巽はこのような子どもの目が見ている世界を書き綴る。そこで見ていた「女の人」の姿は、後に亡くなった姉を踊る体の中に住みつき、作品の『疱瘡譚』（一九七二年）では綿入れで、あるいは爛《ただ》れた裸の皮膚で踊る風景を作り、また時を経て、戻って行ってもうだれもいない『静かな家』（一九七三年）の中でも踊られる……というように、この著作『病める舞姫』（一九八三年）は、土方の舞踏の底を流れ続ける深い川をなしている。そのことは何度も批評家や研究者たちによって、「日本的身体」、「モダンに対する土着性」などの文脈で語り尽くされてきた。そういう分析に興味をひかれつつも、私は少し違う視点で注目したのである。それは、「自他未分化」、「アニミズム」などの子どもの心身の構造、子どもと世界との関わりである。ほかのところで土方は、「子どもは欲望や感情がいっぱいあって、それが動作に直結している」とか「自他未分化の根源に帰れ」とも言っている。

何万年もの歴史の中で、人間ははぐれてしまった。子どもというのは、欲望がいっぱいあるし、感情だけを支えに生きているために、できるだけはぐれたものに出会おうとする。ところが大きくなるに従って、自分のはぐれているものをおろそかにして（中略）飼いならされてしまうわけですね。

「佐藤健との対談」『土方巽全集Ⅱ』河出書房新社

未分化な根源の間（中略）自他の分化以前の沈思の出会いの関係の場へ下降せよ。人間の営みを支える力を取り返そう

「未発表草稿」『土方巽全集Ⅱ』河出書房新社

子どもの目が観察し、その肌が触れていたもの。混沌としていながらどこかはっきりしていた世界、理性で仕分けされない直接感覚。つまり「はぐれ」ていないのである。それこそは舞踏の出発点だろう。このアニミズムの時代、自他未分化の時代、固定的に規定された自己というもののない柔らかい世界こそ、たくさんの見えないものたちと語り合い交感する舞踏の入口である。土方の出た映画『へそと原爆』（細江英公監督、一九六〇年）においても子どもの存在が大きな意味を持っている。

最近金沢城跡は美しく改築されて入場料まで取る名所になってしまったようだが、当時はウッソウと木が生い茂り、私たちダイガクノセンセーの子どもたちは、加賀百万石の石垣によじ登り、ホンマル（本丸）やオナリモン（御成門）をわが家の庭のようにしていた。石垣には蛇がたくさんいた。森を歩いていると馬術部の学生が馬で通って私たちをちょっとだけ乗せてくれた。馬に乗るとすごく高いところからまわりが見えた。一度下の町からサーカスのクマが逃げ出して城跡に入ったというので、官舎住まいの私たちにも家を出ないようにという通達が来た。窓からのぞいていたら、藪の中を黒いものが通ったので「アレダ、アレダ」と騒いだりした。そんなお城跡で何時間でも遊んでいた子どもの目。いまより七〇センチぐらい低いところから世界を見ていた目。風のにおいを知っていた鼻、汗ばんだ肌。

ある春の日、私は縁側に干してある布団の上に横になった。ポカポカと暖かく、お日さまの香りがした。「あぁ、これが……」このとき私は大人たちが言っている「幸せ」という言葉の意味とはこれか、と思った。観念としての言葉は感覚になって充足した。

金沢城廃墟の長屋官舎も、三百年の桜の大木に囲まれていた。桜吹雪が家の中にも吹き込んで廊下は花びらで真っ白になった。それを掃くのは私の役目だった。いまから思えば何という贅沢だろう。北陸の冬は毎日雪降りで、雪かきをした道の両側は、子どもの私の背丈より高く雪の壁が続いていた。裏日本だからよく雨も降った。朝晴れていても長靴ばきでコウモリ傘を持って出かける人が多かった。

ある篠つくような大雨の日に、城下の子どもの足にはかなり遠い幼稚園に通っていた私は、傘も持たずずぶ濡れになって歩いていた。流れているのは雨か涙か、鼻汁か、はたまた漏らしたオシッコか……それら全部が一緒くたになったものにまみれて、私は身も世もなくワァワァ泣いてお城下を歩いていた。そのとき、時々立ち寄っていたパン屋のおじさんが、道路の反対側からパーっと走ってきた。おじさんは奇形で手の指がなかった。以前から子ども心に、私はおかしなモノを見るようにその手を見ていたのだった。おじさんが煙るような大雨の中を走ってきて、指のない手で私を抱き上げて、また店まで走って連れて行った。

子どもはみんな芸術家で夢想家だ。時間を忘れて一人芝居を演じていた経験も多くの人が持っているはずだ。しかし私が二〇歳になるころ、再び「私がやりたかったことは芝居だ！」と思い込んだのは、なぜだろうか。たぶん当時の大学闘争のなかで、声高に語り燃焼していたかに見えた時間も、本当に私にとっては充実した生を示していなかったのだ。何かが指の間からこぼれ落ち続けていた。むかしいつの日か、この指にはっきり触れていた感覚。泣きながら、雨の音や桜の花びらの色に交じり合い、混沌に包まれていても全身の感覚で、はっきりこの世につなぎとめられていたときがあった。何人もの役を一人で演じても、それらのウソはその時々には百パーセント、ホンモノだった。

大野一雄の言葉に次のようなものがある。

狂気という言葉があるわけですよ。赤ん坊の泣き声もある意味で。喜んでいるのか、悲しんでいるのか、わからないけれども、あらゆる思いが込められている。（中略）お母さんのおなかの中でありがとうって生まれてくる。ただおぎゃー、おぎゃー、おぎゃー、と泣いているのか。喜んでいるのか、悲しんでいるのか、わからないけれども。ある意味で狂気だと思う。命の誕生は狂気につながる

大野一雄『稽古の言葉』フィルムアート社

何がなんだかわからないけど、必死である。あらゆる思いの込められたわけのわからない状態、この赤ん坊や小さい子どもの状態が舞踏にとっては重要なのだ。

『へそと原爆』は、土方巽の写真集『鎌鼬』（一九六九年）で有名な細江英公が一九六〇年に撮った映画である。六〇年の舞踏創生期には立ち会うことのできなかった（田舎の小学生だった）私に多くのものを教えてくれる。原爆の死の炎が、感情を交えない即物的なモノの白黒の画像に浮かび上がる。肉としてのウシの存在、ニワトリの瀕死の羽ばたき。ダンサーたちは黒パンで浜辺をピョンピョン飛んだり、土方がぐるぐる回ってほかのダンサーを縛ってしまったり、またアタマに袋をかぶってカラダや空をひっかくような硬質な動きをしたり……。時に滑稽に近いシュールで機械的な動きが続く。それは土方が指を突っ込んで動かす〝へそ〟と同じほど即物的なモノとしての肉体に課せられた死を

いっそう浮き彫りにする。この無機的なモノ的な動きや存在の仕方に注目したい。そのあとに詩が入る。

海の向こうの母なる命の故郷からやってくるもの、それは怒りではない、光り輝く子どもたちだ。
僕らは生まれ、もう後戻りはできない。光なき道をくぐってやってきて、突然の噴射のように誰よりも激しく生きる。
僕らは大空の真下に素裸で立つ、太陽のもっとも小さな子どもなのだ。

『へそと原爆』、傍点筆者

そして数人の子どもたちが、文字通りオチンチン丸出しの無垢の姿で笑いながら浜辺を這う。死とみずみずしい誕生は鏡のように照らしあう。原爆という死の世界の向こうに見据えた「光輝く子どもたち」の存在は、「突っ立った死体」を支える支柱であるはずだ。フランスでは舞踏とヒロシマがなぜかセットでとらえられることが多い。そのことは文化輸出の際の手違いとして許すとしても、それは「子ども」の無垢のカオスの力と拮抗するほどの死だということを忘れてほしくないと思う。

## 演じること

危険な「生きる自分と見られる自分の隙間」の落とし穴は、一挙にその両者をスパークさせることでしか乗り越えられない。つまり見られる自分をおろおろと受け身で（被害者として）引き受けるのではなく、見る側の方に乗り込んで乗っ取ってしまう、というのはどうだろうか。

ジャック・ラカンは、「人間の欲望は他者の欲望である」という言葉を残している。ラカンによれば、私たちは逃れようもなく社会的規範に絡み取られた存在なのだ。子どもは生まれたとき、すでにその国の言語体系の中に放り込まれ、その言葉で話し、頭の中でもその言葉で思考する。そのことだけでもすでに私たちは社会や他者に否応なく規定された存在だ。そして、病理に結びつき得るような自他の構造の恐ろしさが、私には痛いほどわかっていた。

鏡像現象は同時に自己疎外の始まりである。自分はいまここに生きている自分だけではなくなったのだ。「私は他者から見られている存在」とすることは、自分の生きた体から離れることだ。だとしたら、逆に私のほうから、自分を外から見ている目を操ってやろう。「私をこう見なさい」とこちらが指定するのだ。私は「あなたが思っているような私」ではないかもしれませんよ。ほら、あっという間にまったく別の顔。でも実はまた別の顔が、ほらまた別の、またまた別の……。こうして私はだれでもなく、同時にだれにでもなれるものになるかもしれない。nobody, anonymous, nobody and everybody。そうしたら私たちはずっとはるかな遠い島に一緒に泳ぎ着けるかもしれない。神話や鬼やお姫様やからくり人形の世界に。

見られるだけの空っぽ。そんなふうに、「自分がなくなってしまう」なんて、ゼロになって消えるなんて「普通」は怖いと思う。「見てくれ」だけの中身のない人間なんて……と「普通」は軽蔑する。その「普通」を変えるのだ。太古から人類は祭りの中でトランス状態で演じてきた。そんなとき「自分をなくす」ことなんか問題でなかったはず。そればかりか、人はみずから喜んで自分を超える何かに、役に、霊に、神に、トーテムになって演じたり踊ったりしたはずだ。

演ずる・他者になることに、私は強く惹かれていった。他者の視線と自分の存在の拮抗する瞬間をみずから担う。一緒に神秘の深みへもぐり日常を飛び越える。これは、二〇歳の私が考えていたことではない。ようやく他者の目になって日常を飛び越える舞台のだいご味が経験できるようになったいまになって、「こうだったかもしれない」と書いたのである。周囲に猛反対を受け、数々の非礼を重ねながらも、止めようもなく舞踏に進んだ衝動の裏にはこういうことがあったのかもしれない、と思うのである。

後に無名塾の宮崎恭子が、「人間の大きな欲望は『変身願望』である。芝居とは『死者からの命の伝達』である。それが太古の昔から人を突き動かしてきた」と書いているのを読んで、「そうだ!」と思った。人は自分を作りたくもあり、壊したくもある。自分じゃないものになって自分から出て、大きな時間の連鎖につながりたくもあるのだ、と、いまなら理解できる。

## ギリシャ・クレタ島

フランス在住のころからギリシャ、特にクレタ島とは縁が深い。始まりは三〇年前、パリ在住でクレタにダンス教室を持つエフィ・カルッツィーが、クレタの小都市ハニアのダンスフェスティバルに招待してくれたことだった。公演の翌日エフィは、「スマコ、ハニアの町中あたの話でもちきりよ」と目を輝かせて言ってくれた（小さい町である！）。それを契機に、エフィのダンス教室に関わっていた農場主のマノリスらの希望で、ワークショップが始まった。以来ずっと年に何日か、私はマノリスの有機農場のオレンジをもいで、そのまま朝のジュースにするような客にしてもらっている。思いきり明るい彼ら。青い海と空。でも舞踏に関しては真剣で、ノートまで取って聞く。私もギリシャのことを少し勉強する。するとどこかで古代から通じ合っているものを発見する。

ギリシャ・クレタ島でのワークショップ

ギリシャ語がエゴ、ソーマ、タラソ、カタルシスなど多くの哲学や心理学用語に取り入れられていることは知られているが、演劇舞踊分野でも多い。いまドラマというと日常的な人間的ドラマを想像するが、「ドラマ」という言葉は「神の行為を演じる」ことで、起源は古代のギリシャ劇にあるそうだ。

そんなギリシャの古代円形劇場跡に何度か行ってみた。鉢のように窪んだその形は、中央に立つ役者のどんな声もよく響き渡るようにつくられている。そこからは海に落ちる夕日がのぞまれる。役者も観客もともに一日を、「死と再生」の儀式に費やし、海に赤々と日が落ちると終演となる。役者は仮面を被り、薬草やアルコールの作用もあいまって神に「憑依」されて演じる。芝居のなかで重要な役割を演じたのが、コーラスの語源である「コロス」という集団。コロスはドラマの進行役として、運命のように舞台の進行の糸をたぐる役を持つものであった。

振付は英語でコレオグラフィであるが、コレオはギリシャ語源で舞踊を意味する。そしてギリシャ劇は全体的に「コレオドラマ」として作られていた、つまり動作や舞踊が重要なエレメントであった

クレタ島のワークショップ生たちと筆者

という。コロスに導かれる舞踊劇。野外劇場で、落日や海までも含む壮大な演出によって、どんなにか人々は神の世界の出来事や人間の運命の悲しさに心揺さぶられたことだろう。日本でも象徴的に、天岩戸の前のアメノウズメノミコトの踊りを、「踊りのはじまり」と言ったりする。ウズメは巫女であり桶を踏みならし、手には神の降臨グッズであるササラをもってトランス状態で踊ったのである。神の世界と人間を結ぶ出来事、日常を超えたトランス状態としての演劇の起源。そしていつもそこには踊り（コレオ）が存在していた。洋の東西を超えた演劇と踊りの原初の力が、私がずっと舞踏を通して世界の人々と交流してこられた理由だと思う。それには二〇代の私が受けた訓練が大きな基盤になっている。

モノになる

二〇代のころ、鈴木忠志ひきいる早稲田小劇場に入って、初めに出された課題は、「石になれ」だった。そのころは何のことかよくわからなかったが、あとになって「モノになる」とか「バカになる」という言葉は、キーワードだとわかった。演劇や舞踊の根源が合理的な理性を超えた、得体のしれない場所から湧き出るものに結びつく行為である以上、まずは自分を捨て、石ころのように土くれのように、デクノボウになることはその第一歩である。

ただ、「石になる」、「バカになる」つまり「無になる」ことを無力化に結びつけてはいけない。理性の働きを止めると、隠れていた爬虫類脳的な古い動物的機能が働きだす。動物やサムライは「考えて」いたのでは適格な動作ができない。つまり殺される。○・○何秒かの差、○・○何度かの角度の違いで生死が決まる。その瀬戸際の正確さ、速さは「静けさ」とともに現れる。ざわつかず、ヒターッと腹が座って、やるべきことが一瞬にして見える状態。それがいい舞踏の状態だ。

後のヨーロッパで、私の仕事を支えてくれたのは、このスズキメソッドや新体道などの日本の心身技法である。明治の新劇運動は日本の歌舞伎、能などを「不自然でわざとらしい様式」として排して、自然な演技を求めた。そして西洋演劇、たとえばチェーホフの翻訳ものなどを演じることが始まった。そのときから日本の芝居は「言葉が体から遊離した」として、スズキメソッドでは能や歌舞伎の身体技法のエッセンスを取り入れ、カラダに直結したコトバを求めた。その鈴木さんのことを、当時、日本のグロトフスキーなどと呼んでいたが、なんと私はグロトフスキーその人と邂逅することになる。それもあちらから訓練法紹介を請われての招待である。そのことは後述するが、早稲田小劇場の後、私は三浦一壮のもとで舞踏を習い始めた。そこでの訓練は、半分以上の時間を新体道の訓練に費やしていた。「足腰訓練、丹田呼吸、気をめぐらせる」などの基礎訓練は、外界とのかかわり方すべてを変える。まさにこの世界における「立ち方」、「居方」が変わるということだろう。その後、座禅や太極拳などで気の訓練を続け、しだいに足から吸い上げる丹田呼吸ということがわかりだして、「これだけですでに憑依の基盤だ」、「第三の目はここから開かれる」という実感が持てるようになった。だが、それらの始まりはここにあった。そのほかバレエやマイムの基礎も習った。

## 暗黒とは非理性

私が舞踏に関して最も根本的なものと考えているのは、「真の闇は光でいっぱい」である。常識的なとらえ方からいうと、「闇」や「暗黒」という言葉には、なんとなく「恐ろしいもの、悪いもの」という印象が絡みついている。それが闇という言葉の落とし穴なのであるが、私自身それに陥る手前で「いや待てよ」と踏みとどまるヒントになったのは、直前に書かれた、ある言葉のお蔭であった。前後の文章全体を記そう。

おれの無知にはかなうまい。永遠の昼間。オシイレの中でそう考えた。真の闇の中は光でいっぱいである

「未発表草稿」『土方巽全集Ⅱ』河出書房新社

おわかりのように、その「ある言葉」とは「無知」という言葉である。闇とは無知、すなわち非

理性のこと。それだけであってオドロオドロしい衣をまとわせてはならないとわかると、「闇、暗黒」はまったく違うものになる。土方は「カラダの闇を食う」という言い方をよくするが、アタマが理性であるとしたら、カラダは非理性の領域である。これは「カラダは考えない」ということではない。いまは心身医学が発達して、たとえば腸には大脳とは独立した神経叢があることが知られ、「腸も考えている」という言い方ができる。しかしここで言いたいのは、カラダはアタマのようには考えないということであり、その大きな違いは言葉による分析的な思考をしない、ということと言っていいだろう。

「永遠の昼間」は、私の考えではニーチェの「永遠の真昼」をひねっていると思われる。土方の中に、道化的超人としてのツァラトストラを物語るニーチェへの共感があっても、まったく不思議はないからだ。それは、土方の伝説的公演『肉体の叛乱』(一九六八年)がヘリオガバルス(太陽神司祭として君臨し、処女の巫女との神職者同士の結婚で「神の子」を生むことを企てた)という狂人王を踊り、また最後はキリストの昇天をかたどって天井に昇る、というこれまた誇大妄想的な狂騒に色どられていたからだ。公演は賛否両論で、傲慢な誇示とみた向きもあったと聞くが、そこに、「神が死んだ」世界の引き受け方として、超人＝道化を生きる覚悟を見なければ、まさに噴飯ものだろう。

またニーチェは、「笑い舞踏する子ども」の無垢な生成の力を最高位とし、同じく土方は、「動物や子どもの状態」を舞踏の入口としている。そのほか踊りに関する「突然の侵入」、硬質な「直線的上昇」による「励まされたからっぽ」の屹立の仕方などが、ニーチェ的な実存を賭けた生の称揚のように思われるのである。

「おれの無知にはかなうまい。永遠の昼間」までをこのような非理性の高らかな賛歌と読めば、第四フレーズの「真の闇」の「闇」は第一フレーズ「俺の無知」の無知（非理性）を受けていると理解されるだろう。さらにニーチェ的な生の高揚から「光でいっぱい」の「光」の方の正体も理解されてくる。すなわち非理性なればこその、カオスの無垢な豊かさ、根源的な力から「光」という言葉の方向性が見えてくるだろう。

それでも、非理性の光が何なのかピンとこないという戸惑いに対しては、土方の言う「子ども・動物」を極端に知的障碍者まで延長してみてもいい。彼らのように時に、「天使のような」とすら形容されるピュアな存在に照らすことで、闇（非理性）には悪魔的・地獄的な色をつけてはならず、それは単純に「カラダの無意識のこと」と理解し、非理性ゆえの光を感じることが可能だろう。

> 舞踏者は願望が動作に直結している動物（中略）の力を借りたり、未だ摘発されないで眠っている子供の単独な驚異を透視したりする。
>
> 「遊びのレトリック」『舞踏の青空』『土方巽全集Ⅰ』

何万年もの歴史の中で、人間ははぐれてしまった。子供というのは、欲望がいっぱいあるし、感情だけを支えに生きているために、できるだけはぐれたものに出会おうとする。ところが大きくなるに従って、自分のはぐれているものをおろそかにして（中略）飼いならされてしまうわけですね。

「佐藤健との対談」『土方巽全集Ⅱ』

私の少年も異様な明るさを保っていた。（中略）名もない鉛の玉や紐などにスパイのような目を働かすのであった。

『病める舞姫』『土方巽全集Ⅰ』、いずれも傍点筆者

舞踏と聞いて、「ああ、あの子どもの世界に通じるあれね」という人はいない。しかし踊ることをやめた時期の土方が全霊を注ぎ込んだ『病める舞姫』が、「少年」土方の見た世界を語っていることからも、子どもの世界と舞踏の結びつきは根本的なものと銘記されるべきだろう。それはいわゆる愛らしい子どものイメージとは関係ない。より存在論あるいは認識論のレベルで、自・他未分化、つまり見られかつ見ている風景（と自分）、あるいは、鉛の玉も生きて動き出すと見るアニミズムの世界、病気で床に転がされた者もいれば赤ん坊もいて、「生まれ変わりの途中の虫」を言い聞かされる転生観が、カラダに入っているという意味の「子ども」である。それはメルロー＝ポンティやジャック・ラカンが自らの哲学や精神分析の礎と言えるほどに注目した、幼児の自・他未分化の世界のことであり、土方も次のように、自・他未分化の根源に立ち返ることを自らの舞踏の根本としている。

未分化な根源の間―間ぐされ、（中略）あるがままの構造を直視せよ。解体、還元せよ。［反省意識］――「原意識」。自他の分化以前の沈思の出会いの関係の場へ下降せよ。人間の営みを支える力を取り返そう。

「未発表草稿」『土方巽全集Ⅱ』、傍点筆者

## 非理性の輝き

とはいえ、「舞踏はマルドロールの悪徳や残虐を取り込み、ジャン・ジュネの犯罪者の世界を踊ってきたではないか。『闇』は当然『悪』と結びついている、舞踏を勝手にきれいごとにするな」という声があるかもしれない。それはまったくそうである。私は倫理的な「悪」全般については言っていない。キリスト教的な、つまり罪悪感や罰への恐れ、地獄や悪魔などに押しつぶされるネガティブな「闇」を否定したのである（ジュネの悪がそのように押しつぶされたマイナーなものではなく、反逆・挑戦としての悪であることは明らかだ）。

パリに住んでいたころ、土方の弟子の舞踏家、芦川羊子の通訳などのお手伝いをした。ワークショップ生から芦川さんへの質問のとき、生徒から、「舞踏ができない人というのはいますか」という質

問があった。おそらくフランス人には無理とか、日本人の心身とは違うのではないか、という含みの質問であったと思う。それに対して芦川さんは、「いません」と言って、またしばらく考え、「ただし次の人はダメでしょう。『恐いもの見たさ』のない人です」と言った。この「怖いもの見たさ」という一見、俗な言葉で言われたことは、かなり深い人間の真実や芸術の本質につながると思う。怖いところに踏み込むことは、芝居小屋の出発点にある。サーカスやマジックなどがそういう意味ではスペクタクルの原点を現しているかもしれない。二〇代の私はゾクゾクしながらこのような「悪所」の匂いにひかれていった。アートに社会規範や倫理の侵犯、反逆や挑戦がなければ、何の意味もない。しかしそういう侵犯、反逆、挑戦には何かの輝きやエネルギーがあって、罰や原罪に押しつぶされた閉塞的な暗さとは違っている。このように、「暗黒舞踏」の「暗黒」は、中世キリスト教的な悪に通じる闇ではないのである。

フランス語のDanse des ténèbres（暗黒舞踏）のténèbres（闇）はEmpire（帝政）をつければ地獄、Princeをつければ悪魔となる。キリスト教的な地獄の背景を背負ったこういう中世の悪魔的な「闇」の考え方に対し、その中世全体をさらに迷信や蒙昧の「闇」と断罪して理性主義や科学主義が台頭する。一七世紀ヨーロッパの「光の世紀」は、中世のキリスト教支配と民間の信仰や、因習的習慣やいわれなき迷信などを「理性の光」をもって一掃しようとした。フランスのデカルトの有名な「われ思う、ゆえにわれあり」に象徴される理性の優位を誇る時代に突入したのである。彼らが「理性」を

「光」と呼んだ呼称に従えば「非理性」は「闇」と呼べるはずである。読者は中世の「闇」と、一七世紀理性主義が非キリスト教的な科学主義から「闇」と呼んだものの「ずれ」にお気づきだろうか。つまり地獄的悪魔的なものを闇としていた中世、そういう中世全体が、今度は一七世紀の理性主義では「闇」とされているという入れ子関係がある。

暗黒舞踏の「暗黒」や「闇」という言葉を聞いたときの一般的な誤解には、その入れ子構造の外側と内側の二つともが絡みついているように思われる。つまり「悪・罰・罪・地獄につらなる闇」と「蒙昧・無明としての闇」との両方だ。しかしながら土方の言う「おれの無知にはかなうまい」は、その両者を切り捨てようとする意志であることを知る必要があるだろう。だからこその「真の闇の中は光でいっぱい」なのだ。

理性主義に対して、土方は真っ向から挑んでいる。「かなうまい」という傲慢なほどの宣言とともに、「永遠の昼間（真昼）」に屹立するニーチェ的な道化の超人を敢えて担おうとしている。地獄や悪魔へのルサンチマン（恨み）に押しつぶされる暗黒の否定であるだけではなく、さらに理性主義が封印した中世、すなわち土着・呪詛・野性・憑依などの扉をこじ開け、「まさにこれこそ光だ」と示している。誇らかに輝かしく「カラダの闇」を食う道を選び取っていることが、「無知」を誇り、「永遠の昼間（真昼）」とうそぶいて、高らかに笑う超人まがいの言葉に端的に示されている。私は「輝かしく」と「闇」という常識的には相反する言葉を連ねた。ここではそれが成立するのである。

「気まぐれ」これを私はあらゆる事物の上に取り戻してやった。

そして私は「どうしてもあり得ないものが一つある、―それは合理性だ」と教えたのだ。

おお私の頭上の空よ……お前の清らかさとは、そこに何らの永遠的な理性蜘蛛とその蜘蛛の巣がないということなのだ。

ニーチェ『ツァラトゥストラⅡ』手塚富雄訳、中央公論新社

すべてのものがむしろ偶然という足で舞踏することを好む（中略）すべての生成が神々の舞踏と神々の悪ふざけだ

細川亮一『道化師ツァラトゥストラの黙示録』九州大学出版会

実際に土方巽がニーチェの信奉者であったか否かは問題ではない。ただこれによって、ある種のわかりにくさを持った土方の言葉に光が当てられればいい。ニーチェが精神の進化を、ラクダ―獅子―子どもの段階を踏むものとして、最も無垢なる生成の力をもつ子どもを最高位としていたこと、そし

て子どもは神々の「舞踏」と神々の悪ふざけをなすものであるとしていたことなどが、舞踏の闇と光の理解にとって参考になるとかねがね思っていたところ、最近アルトー研究者で土方とも交流のあった宇野邦一にも、「私は何の誇張もなしに、土方はひとりのツァラトゥストラであったというだろう」という文章に出会った(『土方巽――衰弱体の理論』みすず書房)。

## 舞踏の革新性

社会通念はものごとを明・暗、善・悪、「美より醜、形式より情念」のように二律背反する価値観に分けるのであるが、舞踏はそれを超える。大野一雄の「狂人ではなく狂気」とか「狂気のあなたを冷めた理性が支える」といった言葉にあらわれるように、舞踏はどちらにも転んではいけない綱渡りのような「超覚醒の非理性」、「超意識のトランス」という両義性のただなかに立つ特殊な心身の状態である。

あるアメリカ人で、いち早く舞踏に興味を持ち舞踏のドキュメンタリー映画を撮った人が、まず土方巽、麿赤兒について語り、次に大野一雄について語ったときに、「しかし大野一雄のほうは優しい(gentle)クリスチャンです」と言ったのがとても気になった。善人・悪人などの価値観や分別を持ち込むのは浅薄であるばかりでなく、舞踏の提起の本質をまったく理解していないということになる。

たとえば土方巽の『肉体の叛乱』という伝説的公演の後の方向性に対し、「破壊性が減って妙に慎重」になったという不満が聞こえたと言われ、土方の「バレエの精緻・優雅」への肯定的言及や、「ハプニングは正確でないから嫌だというのです」などの発言に、「エッ、あの過激な土方が?」という戸惑いがあったという。しかし、強力な破壊力のケモノは同時に大変に慎重でもある。またケモノが獲物を追う姿を見ればわかるように、「危機に立つ肉体」は、おのずから正確で美しい形を一瞬にして摑みとる。「破壊的」か「慎重」か、獲物を獲ることは「残酷」だがその姿は「美しい」といった価値判断をやめ、舞踏はただ両義性のままの自然界と動物のカラダに学ぼうとする。それがカラダの無分別の闇と理性的分別との違いではないだろうか。

未分化な原意識の提起は「踊るカラダ」そのものから生まれた。それは同じく「座る(座禅の)カラダ」そのものから生まれた「自分」がなくなり「物来たってわれを照らす」という西田幾多郎の哲学と照らし合わすことができる。またメスカリン体験を科学者の目で綴ったオルダス・ハックスレーの「私は椅子であり、椅子は私であった」という記述とも響きあう。

「私は自分が自分であったことがない」(『対談集』)という土方にも「天井から自分を見ている目」に出会うという記述もある。このような根底的な理性に対する『肉体の叛乱』は、「根源的ないのちの力」、「モノになるカラダの直覚」の提起としての叛乱であろう。もし表層的なファッションのような悪ぶり、ゾンビ振りが舞踏だととらえられている向きがあるとすれば、それは二元論的価値判断を引きずっていることのあらわれだろう。舞踏を二項対立の分別思考を超える存在論レベルの転換、理性支配・管理社会への根底的な問題提起としてとらえたい。

子どもの心の柔らかさ、透明さは残酷でもある。私にも、生きた虫のヒゲを抜いてみたり、お城の石垣から下を通る人に物を落とした（たぶん気を引こうとしたのだろうが、当たらなくてよかった）覚えがある。感情とカラダのあいだに距離がないから地団太踏んで怒る。そして「いま泣いたカラスがもう笑った」で、子どもはアッという間の移り気である。風の又三郎は気がつくとそばに立っており、いつしかいなくなっているのだ。大野一雄はオギャー、オギャーと泣いている赤ん坊、嬉しいのか悲しいのか、わけもわからず、泣いている、その狂気が舞踏だという。舞踏が注目するのはまっさらな、手のつけられぬ子どもである。狂気の子どもである。

「神が死んだ」世界の中で超人のように歩む道で、「遊び」、「舞踏」、「笑い」、「自由」としての「子ども」に最高位を与えたのはニーチェであった。もし世界中が道化の超人として屹立し、分析的理性を手放し、笑いと自由、遊びと舞踏の子どもの世界になるとしたら……。為政者にとってはこれほどの脅威はないだろう。一見表面的に過激そうに見えなくても、そのことは深い意味の心身の革命だと思う。

## 狂気だけど狂人ではない

既に述べたように、土方の「おれの無知にはかなうまい。永遠の昼間。押し入れの中で考えた。真の闇の中は光でいっぱいである」の一行は、言いかえれば「おれの非理性はかがやかしい真昼であって超人のように強い。「闇」と名付けて理性主義が葬ってきた土着性や野生を含む非理性（誤解のない限りでここを『狂気』と呼んでもかまわない）にこそ、本当の光が充ちている」ということである。「誤解のない限りでここを『狂気』」と書いた。このように慎重な言い方をするのは、それが舞踏の際立ったところで、この微妙なる場所に粗雑で短絡的な入り方をすると、違うものになってしまうからだ。通念的な二元論に陥ると、舞踏の根底が崩れる。紙一重の差でまったく反対の誤解にすら至ってしまう。大野一雄はこういう言い方をしている。

「狂気だけど狂人ではない」
「狂気のあなたを冷めた理性が支えている」

大野一雄『稽古の言葉』フィルムアート社

舞踏は大脳皮質が肥大した人間の忘れている、動物や子どもの単純な世界、当たり前の世界を言っているのだが、それはもちろん現社会では叛乱という形をとることになる。日常一般の規範から見れば非理性の世界は狂気である。より生々しく輝かしい命の根源の封印を解けば、おのずと規制を逸れた奔流が流れ出す。しかしそこには、大野一雄が「狂人ではない」とくぎを刺しているような、ある特殊な澄明と超覚醒が働いている。笠井叡が「氷のような熱さ」と表現するのも、武道の達人が深い瞑想時と同じ「静」を保ちつつ、決定的な一瞬の技、目にもとまらぬ「動」を打ち込む状態に似ているだろう。

舞踏が「非理性の光」を求めることだとすると、その光はなにか。たとえば動物のしなやかさ、美しさ、感知力、正確な反応。それが私はうらやましくてしょうがない。猫は、テーブルに飛び乗る前は、上になにがあるのかわからないのにヒラリと乗った途端、四つの足をどこに置いたらいいか瞬時に知って、ものを壊すことがない。戦国時代の「キッツキ戦法」なんか、だれに習ったわけでもないが、攻撃してはすぐに身をかわすことを知っている。私は猫を尊敬する。

『土方巽と日本人―肉体の叛乱』の写真を見ていると、金色のスカートで踊る土方の顔には傲慢とも挑戦とも道化ともつかない笑いがある。ネクラなどに通じる、自分にジメジメと籠もるようないわゆるクラーい様子はみじんもない。すべてを差し出し閃光のように突っ走っている。ツァラトストラの超人かつ道化という両側面を見ないと、こういう傲慢な誇大妄想ぶりは誤解されるだろう。土方巽に近かった人から、「土方さんはあんまり人が暗黒とは何か、何かと聞くので、ちょうどそのときあったアンコロ餅をパクリとやるふりをして、『あんこ―く―う舞踏はこのことですよ』と言った」という話を聞いた。暗黒が、「曇りなき真昼のような、そして滑稽や不条理も含む非理性の自由の宣言だ」とは当時からなかなか理解されにくかったのだろう。

## モダンと土着性

フランスでバレエとエティエンヌ・ドゥクルーのマイムを学び、大野父子や土方巽に教えた及川廣信には、弟子の弟子という意味では、私は孫弟子と言えるかもしれないが、帰国後の二〇〇五年ころはじめてお目にかかった。今時こんな方が、と感嘆するようなダンディでいらした。そのころはもっぱら東洋の陰陽術や太極拳を研究しておられた。陰陽五行を各舞踏家にも当てはめて分析されるのが面白くて、「では私は何でしょうか」とお聞きすると即座に「あなたは火です」と言われた。あとで及川さんの書かれたものを読むと、政治的にもまたアートにおいても激動的であった一九六〇年代が終わった空白の中で、一二年間読書だけをするという冬眠のような時期を過ごされるとともに、フランスで学んだバレエやマイムを捨てるに至ったこと。と同時に六〇年代に爆発した舞踏に関しては、その発生に寄与したにもかかわらず、一定の距離を置かれたことが記されている。

考えてみると、私は及川氏の「西洋から東洋へ」という方向とは少し違うコースをとって、しかし同じフランスに行ったということになる。二〇代の私が学んだのは、早稲田小劇場の能や歌舞伎などを取り入れた「日本人的身体の復活」のための技法であり、また三浦一壮のところでの稽古の大半は新体道（空手と合気道の青木宏之によって始められた新武道）であった。私は東洋の技法を身に着け、それを武器に西洋に渡った。そしてフランスという文化の坩堝《るつぼ》に身を置き、技術だけではなく思想（演劇論・舞踊論）も切磋琢磨を余儀なくされ、フランスの潤沢な文化予算や社会制度にも守られて、自分のアートを見つめる時間を持てた。

東西の文化は、非常に活発かつ微妙に影響し合いながら進んでいる。及川氏がフランスから持ち帰り、舞踏の発生に大きなインパクトを与えたアントナン・アルトー自身は、バリダンスなどアジアの舞踊への傾倒が、その演劇論の出発点にあったことを考えると逆輸入的でもあるが、完全にそうとも言い切れない。東洋が無意識に行っていることを西洋の知性が分析し取り入れたという面、また西欧にないからこそ惹かれ注目したという面、そして彼自身の狂気がそれを突出したものにした、というようなことが入り混じっている。

日本で言えば、鈴木忠志も舞踏の始祖たちも東洋的な身体技法を訓練のベースにしながらも、伝統芸能に戻ろうとしていたわけではない。演劇ではギリシャ悲劇、さらに不条理演劇までをそのレパートリーに含み、舞踏のなかではアントナン・アルトー、ジャン・ジュネ、ハンス・ベルメール、ニジンスキーなどが語られていた。つまり体は日本の土着性に足を突っ込みながら、ことに前半期においては、頭と目はかなり西欧の方を向いていた感じがある。いわば「日本的身体と西欧的思想との結婚」と呼べるような様相があったと思うのである。

外からの影響をまったく閉ざした鎖国の時代があり、急激に西欧を導入した時代があり、またそれへの強い疑問ないし反動があり、ということを繰り返してきた日本の歴史。舞踏にも、またその性格が凝縮されているのだろう。フランス帰りの及川氏も反対の極、東洋の古典技法に向かったが、土方巽もニジンスキーやジュネなどの西欧的なものを目では激しく求めながら（玉野黄市にガニマタの舞踏型ニジンスキーを導入し、石井満隆はジュネをもじっておじゅねとした）、その根っこの部分は秋田の田んぼや祭りの「日本人性・土着性」に逃れがたく絡み取られていた。及川廣信は土方が秋田の西馬音内《にしもない》の盆踊りにつれなったときに、「ああこの人は東京でモダンをやりながら秋田の土着的な踊りにこんなに強く引き裂かれているのか」という強い印象を持ったことを書いている。だからこそ、土方の神話的公演『土方巽と日本人—肉体の叛乱』の本題より先に表記された副題の「日本人」に注目したい。

元日仏文化会館館長オーギュスタン・ベルクは、『風土の日本　自然と文化の通態』（筑摩書房、一九八八年）のなかで日本人の自然観が「魑魅魍魎や『ヤマの神』の住む濃厚な森」と「和歌をはじめ生活のあらゆる場所で自然に対し耳をそばだてるようにしてきた日本人の態度」との相乗効果によってはぐくまれたと指摘している。魑魅魍魎や天狗やカッパや座敷わらしと暮らしていた日本。私はこういう国で生まれた舞踏を持ってデカルトの国フランスに旅立った。

日記から

一九七六年ごろ

・昨晩ＥＥＵ（注：一九七五年に高木元輝、近藤等則、徳弘崇、豊住芳三郎、土取利行で結成されたフリージャズグループ）の人たちとキッド・アイラック・アート・ホールで公演。公演と言っても準備なしのフリージャズミュージシャンたちとの一騎打ち。私はちょっと興奮してそれに備えていた。三日前から断食もした。

・二月二四日、朝トマトジュース、昼コーヒー、梅干し、夜えんめい茶

・二月二五日朝トマトジュース、昼えんめい茶、梅干し。思い切って走りに行く。近所に郵政省のグラウンドがあることを発見。なんとも言われなかったので入って五周走る。滝のように汗が流れ、カラダは軽く、「やった」という感じ。夜稽古に行く。前の日よりは解脱（？？？）してかえって力が湧いてきた感じで新体道などは軽くできる。でも踊りの段になると、一向に力も想像力もわかずダメ。

・二月二六日　本番七時三〇分開演。少し興奮。しばらくしてここぞというところで出て行ったけど、どうしようもない。籠もりすぎ、と思って動いてもはっきりした意味が欠けていると自分でわかる。しばらくやめて音を聞いたりほかの人の踊りを見る。なんだか確信のようなものがすこし湧いてきてまた出て行く。

イモムシのようになって体をゆすっていると、ミュージシャンの音に合ってるでもなく無視でもなく、溶けるものが出てきた。リズムがここで爆発すべきだ！　というところがあって激昂し、そのときは音も一緒で四人が一体の興奮に揺さぶられた。野獣が見えた。それから亀になっていた。

竜宮城に戻る途中でFの足があったので、それに上ってずーと糸を引いていたら、音が消えていったので終りだとわかった。

この日記を四〇年近い年月が経ったいま読んで、EEUってどんなグループだったけなあ、漠然たる印象が残っているだけで、メンバーの名前もはっきり覚えていない。調べて、youtubeで聴いてみた。とてもいい。とてもいいけど、とても踊れるものではない。EEUは聴いていると限りない想像が湧く。爆発あり、リリシズムあり、それ自体のドラマを作り出している。それに踊りは何をつけ加えたらいいのか。大いに疑問だ。まあ、まだぺーぺーの舞踏家のタマゴだったから、リーダーの三浦一壮の言うことは何でも聞いて、一生懸命やっていた。断食しながらの走り込みなんてカラダにあんまりよくないこと（特にヒザに来た）もやりながら、とにかく自分の舞踏の進化を願っていた。

# 第二章　フランス舞踏日記

## パリに住む

舞踏についての知識も技量も、いまから思えば未消化でがむしゃらに丸呑みしただけのような状態であったが、私は三浦一壮のグループ「舞踏舎」の振付アシスタントとして、一九七七年、フランスのナンシー国際演劇祭に参加した。後に大野一雄、山海塾などがそこから上陸を遂げた、いわばヨーロッパ進出の登龍門だが、舞踏舎はなぜかそれほどブレイクしないままグループは帰国し、私は単身ヨーロッパに残り、パリを中心とした舞踏活動を開始することになる。

イタリアのシシリー島から始まったグループのヨーロッパ公演ツアーは、ナンシー演劇祭をきっかけにグロトフスキーからイタリアのワークショップに招待を受け、また当時のユーゴスラビアから公演のお声がかかったりで、結局五カ月あまりのツアーになった。ヨーロッパのいいところは、一つ仕事をすると次々とつながるというところだ。ことに東洋に対する探究心にはなみなみならぬものが感じられた。ツアーの数カ月が過ぎて、私はしばらく滞在を延ばして、ヨーロッパ演劇・舞踊界をもう少し見たいと思い始めた。そして、なぜ私たち日本のグループがそれほどまでに注目されるのか、そのわけももっと知りたいと思った。

ヨーロッパには何があるのだろう、そして日本には？　日本人でありながらはっきりつかめない日本。個人的にも色々な足枷に絡められた日本を離れて、私の学歴も家族のこともだれも知る人のないところで、ただ一人の人間として「ゼロ」から始めたい、というような気もあった。ちょっとした「出家《しゅっけ》」のような覚悟であった。

一八の春、流されるままに東大に入ったものの、私はいったい本当は何をしたいのか、という問いを突きつけられ、悩んだ挙句、お芝居や舞踏の道に分け入ったのが二〇歳のころ。そして早稲田小劇場やVAVスタジオなどで訓練を受けていたのが、たまたま参加していたグループがフランス随一の国際フェスティバルに招聘されることになった。そこで触れたものは私に、「もうちょっと先に進んでみろ」と言っているようだった。それより所得倍増だ、列島改造だ、と異常なまでの「高度成長路線」を驀進する日本と比べて、なんとヨーロッパはゆったりしていることだろう。ああ、しばらくここにいてみたい……。こうしてはじめは数カ月のつもりの滞在を企図した。それがなんと数十年にもなるとは！

暗中模索に始めた私のパリでの戦い、私の仕事を、フランスは大きなフトコロで受け入れてくれた。ことに八〇年代、九〇年代は、日本のバブルもオイルショックともまったく無縁に、夢までフランス語で見ていた。地球の裏側で、日本から見たらまったくの「宇宙人」のように生きていた。ジャン＝ルイ・バローやアルベール・カミュの親友であったという女優さんとも共演し、フランス随一の演劇の殿堂コメディ・フランセーズでも仕事をしていた。

フランス人との結婚、息子の誕生、子どもと一緒に過ごしたモンスリー公園、セーヌ川と石畳の街、いつフラッと行ってもいつも何かやっているカルチェラタンの映画館街。そして共演したすばらしい役者、ダンサーたち、わがままな演出家たち……。フランスは私のもう一つのふるさとだ。シャル ル・ド・ゴール空港に着いて、タクシーの運ちゃんとおしゃべりを始めた途端、あのクシャクシャと詰まったような発音のフランス語、気難しげなふりをしているけど、その実は本当に陽気で人恋しいラテン民族。あのフランス人たちと過ごした、あの生活が戻ってくる。

## グロトフスキーとの出会い

私が参加した、一九七七年のナンシー国際演劇祭参加者の顔ぶれを見れば、それからの私が辿る方向性を感じてもらえるだろう。ジェルゼイ・グロトフスキー、ピーター・ブルック、タデウシュ・カントール、ピナ・バウシュ、カロリン・カールソンなど、いずれも当時の演劇界、ダンス界を率いる大物たちであり、彼らの提示した作品や方向性は、いまに至るまで、ヨーロッパのみならず世界の演劇・舞踊界に多大な影響を与え続けている。

たとえばグロトフスキーは、東洋的な身体技法を取り入れて肉体改造、つまり自律神経や情動を統御できる特別な心身の回路作りを唱え、有名な「グロトフスキー・メソッド」を生み出しつつあった。またタデウシュ・カントールの『死の教室』も、一九七七年、ナンシーの話題作であった。「役者と等身大の人形、人形化された役者の動き」の両者が交錯するカントールの思想と手法には舞踏との共通項を感じた。
ナンシー演劇祭参加は、日本にいる間、名前だけは耳にしていた人たちに直に接し、最高に刺激的なフェスティバルであった。なかでも私たちの公演を見たグロトフスキーに、自分の主催するイタリアのベルガモのワークショップで舞踏舎の訓練法を紹介してほしいと請われたのは、ほっぺたをつねりたいようなサプライズだった。
グロトフスキーという、かつて私たち演劇青年の間では神様のようだった人。私がフランスに行ってからも、その影響力は数十年の間多大なものがあった。しかしいまの日本では「聞いたこともない」という人も多いかもしれない。それはどんな人物か。彼自身の言うところを彼の著書『実験演劇論―持たざる演劇を目指して』(一九七一年、テアトロ)から少し拾ってみよう。

自己を開示して日常の仮面を脱ぎ捨てるならば、(中略)俳優は自分の肉体をいけにえとして供することになります。このとき彼は聖なるものに近づくのです。

いけにえ、聖なるものという言葉に面くらうが、考えてみると古今東西、演劇の起源はすべて神に捧げる「聖なるもの」であったわけだ。ただしグロトフスキーは「聖なる」と言っても宗教のそれではなく「冒瀆によって」などという。宗教的な共同体のもはや存在しない現代が、演劇の場において

（だけは？・）一時にせよ「聖なる」時間を分かち合う、という絶望に似た意思が感じられる。ではかつてのように信ずるべき神や儀式の形式がないところで、役者はどうやって「聖なるものに自分の肉体をささげ切った状態」になれるのか。いくつかのキーワードが読み取れる。一つは「トランス」という言葉だ。

トランスとは、積極的な意志の力を最小限にし、完全に自己を投げだす場合に実現させることができるものです。（同）

トランスによって聖なるものに身をささげる。それはかつて神の言葉を受けとるための憑依による儀式だった「踊りの起源」に一致するものである。世界中にそれは見られた。もちろん日本においても、アメノウズメノミコトの天岩戸の前での踊りに象徴されるような神憑りの踊りがあった。もうひとつキーワードを求めるとしたら「訓練」という言葉だろう。世界的に有名なグロトフスキー「メソッド」を提起したくらいだから、訓練を重視しているのは当たり前なのだが、それは実は東洋の演劇への注目からもたらされている。

中世ヨーロッパ、バリ島の演劇、インドのカタカリなどは、聖なる演劇に教訓を与えるものです。

自発性と訓練とは互いに弱め合うものではなく、強化し合うものです。（同）

東洋のダンスにショックを受けたのはグロトフスキーだけではない。一九〇〇年のパリ世界万博で、バリダンスは演劇の革命児アントナン・アルトーにもその特異な演劇論の出発点を与えることになった。神に奉納し神の物語を語るべく選ばれたダンサーたちは、幼いころから技術を身につけ、個を超えた人形あるいは神のような完ぺきな動きを身につける。東洋のこのような客体化された動きや仮面劇では、役者自身の個は滅却されているので、それが「個と主体」、「人間性の表現」から発する西洋の演劇とは出発点から正反対なのだから、衝撃なのは当然である。

グロトフスキーは「アルトーをメソッド化した」と言われることがある。一九〇〇年当時のような東洋演劇への賛美にとどまることなく、東洋の「訓練」のほうに目を向けた。そしてみずから理にかなったメソッドを編み出しつつあった。

そもそも真の演技とは、怒りならば心拍数も早まり青筋も立つ、悲しみなら胸もふさがり涙も流れる、という心と体の両方を巻きこむ情動反応でなくてはならない。そして情動とは脳で言えば、理性的アタマである大脳新皮質よりも、原始的な古い脳である爬虫類脳や古皮質の自律神経作用である。ところで「自律」という名の示すように心拍数や血流、体温などは意志的に統御できない領域である。統御できない領域を統御する方法などあるのか。「ある」というのがグロトフスキーの答えだ。

その秘密を解くカギは「呼吸」だ。つまり人間の自律神経と非自律の体性神経の二系統はハッキリ分かれているが、唯一両方の系統にまたがっているのが呼吸である。呼吸は寝ているときも自然に行っている自律神経系の作用であると同時に、自分で意識的に「調息」などもできる体性神経の作用でもある。その両神経系の橋渡しのような呼吸という扉を通じて自律神経の統御が可能になる。グロトフスキーの訓練は、呼吸やポーズを調整しながら、アクロバティックでダイナミックなヨガの訓練をもとに、自律神経を統御できる心身の回路づくりをする。

役者訓練のベースを情動と自律神経の統御に置く考えは、すでにスタニスラフスキーのものとしてあり、それは形を変えながらアメリカに渡ってアクターズスタジオに引き継がれている。グロトフスキーがこのスタニスラフスキーとたもとを分かったのは、やはり「いけにえ・トランス」というラディカルな心身改造の一点であっただろう。そのラディカルさは舞踏に通じている。われわれがグロトフスキーに紹介した、新体道をベースとした足腰のポジションや呼吸法、気の訓練などが、彼のメソッド進化にいくばくかのものを付け加えていたとしたら光栄である。

イタリアのベルガモで印象に残っているのはグロトフスキー自身によるレクチャーだ。真夜中という時間を選んで地下室での開始という、そこからもう彼の自己演出が始まっているようなそのレクチャーは、「三分間の沈黙を体験しよう」の言葉で始まり、全員かしこまって沈黙の後、「何もない余白に耐えられないかのないように、私たちはいつも何かで空白を埋めようとしているが、沈黙の言葉を聞き、より本質的なものに出会うことが重要である」ということが語られたらしい。私たち日本チームは、どうして沈黙をそんなにありがたがるのかピンと来ず、「日本じゃあ沈黙を聞くなんて平安時代からやってるよなあ」などと話しあったりしたものだ。

世界各地から一〇〇〇人を超える人が集まっていた。私たちのように公式に呼ばれた者には宿舎があったが、そのほかにも何百人という人たちがテントや寝袋で自主的にやってきていた。グロトフスキーの視点で集められた特色ある役者・ダンサーたちからは、面白いものを見ることができた。なかでも北極圏のイヌイットのシャーマンの儀式が忘れられない。太鼓を打ちながら次々と百面相のように憑依してゆくその姿は、四〇年経ったいまも鮮やかに目と耳に残っているが、後にも先にもこのような「憑依の目にもとまらぬ展開」を目にしたのは、このイヌイットと舞踏家、芦川羊子だけである。

ここにはユージェニオ・バルバという研究者・演出家も参加していた。バルバはISTA(International School of Theatre Anthropology：舞台人類学院)を主宰して、演劇を人類学的に比較し、その一九八〇年から一九九五年までの研究をまとめたものが著書『俳優の解剖学―演劇人類学事典』(一九九五年、パルコ出版)として出版されて、世界中の多くの人々に読まれている。

## 演劇のジャポニスム

いまフランスにマイムを習いに行く人たちはたくさんいて、その人たちに「フランスのマイムには日本の能の感化があるって知ってる？」と聞くと、ほとんどの人がきょとんとして私を見つめる。

一九〇〇年前夜の印象派からゴッホ、クリムトは言うに及ばず、現代のデザインや抽象画にまで影響を与えたと言われる、絵画の世界のジャポニスムはよく知られている。一方、舞踊や演劇のジャポニスムのほうは一般にはあまり知られていない。ルネッサンス風景画は、風景のパートごとに拡大する遠近法の道具まで作って、一方では対象をありのままに映し出す行為をしつつ、遠近法の焦点によって画家の個人の「視点」を示した。その「個人」と「リアリズム」の西欧に対して、日本芸術はリアリズムに束縛されない「作家による大胆な現実の切り取り方と再構築の仕方」、さらに遠近法の「一つの焦点」のない（作家の位置を問題としない）アートを持ち込んだのだ。北斎の「大波の真ん中に富士山を配置した構図」に対しては、まじめに遠近法をやってきた欧州の画家たちの、「エッ、こんなのあり？」という騒ぎが目に浮かぶ。

それと同じ驚きが演劇のジャポニスムでもあった。現実を映し出す自然な演技を心掛けてきた彼らにとって、大見得・回り舞台などの虚構と様式美の歌舞伎が目からウロコであったことは想像に難くない。そして能に至っては、パリの演劇家ジャック・コポーがそれにショックを受けて、一九一三年、その研究を主眼とした演劇学校まで作ってしまった。その学校はヴィユ・コロンビエ座として、いまではコメディ・フランセーズ二館中の一館として一翼を担っている。そこがコメディ・フランセーズになってから、私はそこで仕事をさせてもらった。日本と百年以上前に関わっていたその場所で、また日本人の私が仕事する奇縁を感じたものである。

舞台には舞台独自の現実がある。独自の技術がある。独自の言語がある。私たちにはおなじみのことだが、そんなことが可能だとはそれまでフランス人は考えもしなかったのである。それに出くわしたフランス人たちが「アンクロワイヤーブル！（信じられない）」と大騒ぎしたのだろう。

いま日本人も多く習いに行っているフランスマイムの始まりは、このジャック・コポーの協力者エティエンヌ・ドゥクルーである。自然な日常的動作を引き写そうとしていたそれまでのフランス演劇に対して、マイムは独自の舞台言語を作り出そうとした。もちろんその前からイタリアのコンメディア・デッラルテのパントマイムはあったが、フランス人たちに言わせると、それは大衆向けの大げさで粗雑な動きであって、マイムのような本格的な動きの研究とはまったく違う、という答えが返ってくる。その発想のもとになったのが日本の能だった、ということをあらためて認識したい。ドゥクルーはたとえば、「コップに水を入れて飲む」などという日常的な動きを分析し、独自の肉体言語を作り出した。映画『天井桟敷の人々』でうっとりするようなピエロのマイムを見せたジャン＝ルイ・バローもドゥクルーとともにマイムの開発と発展に努めた一人である。

マイムと同様、日本の技術が基盤になっているのに、そのことが忘れられているものにコンタクトダンス（日本ではコンタクト・インプロヴィゼーションと言われることが多い）がある。一九七〇年代にアメリカの合気道家でもあったスティーヴ・パクストンの始めたもの。合気道の「相手の力を利用する」ことを基にした技術によって、ほかのダンサーの体重を受け止めたり反応したりする訓練法がダンサーたちに評価され、世界中のダンスの訓練に取り入れられている。

日本の技法は、このようにエキゾティズムという言葉で片づけられる次元をはるかに超えた、根本的な演劇論や体の使い方の基本の次元で西欧に影響を及ぼしてきた。パリと関わった三〇年の間、日本人であることと、若いときに鈴木忠志や新体道の坪井華譲《かじょう》先生などに叩き込まれた日本の心身技法に何度感謝したことだろう。それでも時には逆にフランス人たちによって、日本の価値にさらに気づかされ、スキルアップを余儀なくされた場面も多々あった。

「オイゲン・ヘリゲルの『禅と弓術』を読んでいないのか」と呆れられて慌てて本屋に走ったり、興福寺展が来たときに仏像の製法について聞かれて、「乾漆法」をにわか勉強したり、ZEAMI（『風姿花伝』の翻訳。版を重ねている）についての質問を受けたり、日本でもいまやめったに見られないような「御所人形」収集家の家で説明を受けたり、日本よりはるかにさかんな合気道センターや禅センターでの議論や実践を目にして圧倒されたりした。ちなみにヘリゲルの『禅と弓術』は、日本ではまったく読まれていない本であったのが、スティーヴ・ジョブスの愛読書だったと伝わった途端に、百倍の売れ行きになったと、その出版社福武書店の方からうかがった。

彼らの日本への希求は真剣で認識のレベルは高い。高校では哲学が必修科目という頭でっかち、「われ思う、故にわれあり」のデカルトの国だからこそ、アタマだけではなく「カラダでわかる」世界、心身一如の世界、すなわち「頭を空っぽにして、まず座れ」（座禅）とか、「心の目で的を見よ、矢は自然に放たれる」（弓術）という正反対の世界にマトモに驚き、クソマジメに真正面から取り組んだ、ということだろうか。私自身は彼らの真摯さにあおられて真剣勝負を余儀なくされた四〇年（在住は三〇年）であった。

## 堕天使アルトー

はじめは一文無しで知る人もほんの二、三人でパリに住み始めた私は、生活のためなら免税店の売り子、その店長の家のメイド、日本語学校の受付、やがて先生……と何でもやった。そして子どもも産み、育てて、仕事・育児・舞踏の稽古と日々格闘しているうちに、気がつくと何とか踊りだけで食べていけるようになっていた。その転換は次のようなことから徐々に進んでいった。

一九八〇年、出産後一年が経って、パリのアラン・ウダンというギャラリーでソロ公演をした。そこにリズ・ブリュネルというかなり高名な舞踊批評家が見に来てくれていて、その人がパリのアメリカンセンターのダンス講師として私を推薦してくれた。これら一連のことは、私が特にその批評家を呼んだわけでもなく推薦を頼んだわけでもないのに、スラスラと運んだのだが、それほどフランスの舞踏への注目度は高かったのである。アメリカンセンター講師となってからしばらくして、二メートル近い若い男の子がぬっと現れて生徒になった。旧ユーゴスラビアからマルセル・マルソーのマイムを習いに来たが、それに飽き足らず舞踏が習いたいと言ってやってきたその男の子こそ、後にフランスでセンセーショナルな作品を発表し、国立ダンスセンターまで任されるようになり、日本公演もしてかなりのファンを持つジョゼフ・ナジであった。

続いてソロ公演〝Artaud Ange Déçu（堕天使アルトー）〟がアヴィニオンなどで認められ、ヨーロッパツアーに出たころから、私の創作活動が軌道に乗り始めたと思う。アントナン・アルトーの『演劇とその分身』（一九九六年、未来社）という著書の中には、演劇行為とは役者の肉体がもうひとつの演劇的存在（ダブル）を憑依的に顕現させることであることが述べられている。演劇の革命児としてフランスのブルジョワ的な演劇にくさびを打ちこんだ彼は、精神病院に長く収容された。アルトーはロジェ・ブランやマリア・カザレスらとラジオ番組むけに『神の黴菌』という自らの文章の朗読を録音したが、放送寸前にラジオ局は放送禁止を決定した。アルトーが求め続けた、肉体の演劇「演劇とその分身」は何よりも彼自身の演技の中に実現されていたことが、この録音からう

若き日のジョセフ・ナジとのデュエット

かがわれる。放送禁止になった『神の黴菌』は隠しつづけたラジオ局の人の手で消滅を逃れ、長い年月の後に発表された。と言っても、はじめは海賊版カセットの形で密かに売られていた。

八〇年代初めごろ、私もそれを手に入れて聴いた。そのときは電流に打たれたような気がした。声とカラダとがあんなに一体になった朗読、というより叫び。あんな魂の底からふりしぼるような声を聞いたことがなかった。そしてその内容はと言えば、偽善の神、ウソツキの信仰への激しい呪詛である。そして試験管ベイビーのこと、人の手で作られ撒き散らされる黴菌のこと、アメリカ人の世界制覇の野望のことなど、数十年後には実現してしまった世界の姿そのままを予言していた。

私は、「このアルトーの最後の叫びは舞踏の身体の叫びと同じだ」というようなことを、『L'Autre Journal（ロートル・ジュルナル）』誌のインタビューで語った（一九八六年四月号）。その『L'Autre Journal』はいま読み返すと面白い。ミッテラン大統領（社会党）とシラク首相（国民連合）とのねじれ国会が始まったころで、初めてテレビ対談を行ったときの一コマが表紙になっている。表紙の裏にはさらにテレビ映像からとった何コマかがあり、そこにシラク側の補佐としてフランソワ・レオタールが座っている。彼は一九九〇年の『聖餐の城』で私が共演したフィリップ・レオタールの弟にあたる。

ミッテランが大統領に当選した瞬間、町中の車がクラクションを鳴らしたお祭り騒ぎの光景も思い出深いが、それからなんと一四年も続いたミッテラン政権が私の在仏の半分を占めていたことに、あ

Sumako Koseki:
"La voix d'Artaud à la fin de sa vie, c'est buto."

Le buto est né dans le Japon des années soixante. Danse fascinante et contestataire, elle est l'expression d'une révolte à une situation historique. Sumako Koseki, professeur et chorégraphe, installée à Paris depuis dix ans, parle de cette création et à travers elle, du Japon et de l'Occident.

Buto : le mot est formé de deux idéogrammes chinois. Bu — la danse — et to — taper au sol. Comme danse, son existence est très ancienne, populaire, utilisée par les paysans pour communiquer avec la terre, les ténèbres, dans le besoin d'une relation profonde avec la nature. Mais comme spectacle, c'est un phénomène très récent. Sa naissance est liée à la période de l'après-guerre. Il faut comprendre le Japon des années soixante, période unique dans l'histoire de ce pays. Conséquente au coup de sabre meurtrier que fut la bombe atomique sur Nagasaki et Hiroshima, puis la capitulation de l'Empereur et l'invasion des Américains

source qui leur soit propre. Il a toujours été, surtout à son début, très marginal. On pourrait même dire underground. Il était joué dans des endroits très particuliers comme certains théâtres de banlieue, dans des universités en grève ou dans certains cabarets spécialisés dans le sado-maso-show.

Dans le buto, il y a deux notions très importantes : le sol et la notion de mort. Le sol, la terre, c'est essentiel. Dans les mouvements, au niveau du corps, on est très proche de ce qui est bas, dans le sens de tout ce qui est lié au cosmos, à la nature ; c'est une façon de rester plus près

『L'Autre Journal』1986年4月号

らためて感慨を覚える。またシラクはパリ市長（一九八六～八八年は首相兼任）でもあり、私はパリ市の文化振興団体の講師だったので、パリのど真ん中の「デコレーションケーキのような」とパリジャンが揶揄する豪勢なオテル・ドゥ・ヴィル（市庁舎）に招かれて握手や感謝の言葉などがあったことも思い出す。

シラクがそのあとの大統領となり、彼も二期続ける。一期は七年だったからそのころは数カ月で変わっていた日本の政権と比べて、二期とはなんと長かったことか。さすがにシラクのときに任期は五年に縮まった。一四年も政権を取れば、かなりのことはできるなあと思ったものである。

さらに雑誌のページをくると私のインタビュー記事があるが、隣のページの写真は山海塾であり、舞踏の舞の字が反対になっている……まだ舞踏に対しては混乱していた時代だ。混乱はありながらも、すでに舞踏のフランス上陸は確固たるものになりつつあった。

そして私はアヴィニオンの演劇祭で前述の『堕天使アルトー』という作品を発表した。アヴィニオンではAMBASSY（アンバシー）という小さなキャバレー小屋を借りた。舞台のまわりをお客さんが囲んで、前列の人に息がかかるほどのキャバレーの空間が、この作品に合っていた。初日数人の客で開けた舞台は、翌日は二〇人、また次の日は三〇人とクチコミで客が増えて、一週間後には立ち見が続くようになった。新聞も取り上げてくれた。「この『魂の踊り』には、この人間とその国の反逆と希望の歴史が封じ込まれている」（『プロヴァンサル』紙、一九八七年）などと。

日記から

・踊りは祈りだ。踊りは息だ、ささやきだ、祈りだ。耳を傾けて無なるささやきを聞き、聖なる形を供える。

地をつかみ、地を打ち、体中にとどろかす。遠きものに、一言、ひとこと、話す。最愛の敬礼。ジャーナリスト、新しい契約探し、そういうものと完全に無縁であること。踊りは祈りだ。ささやきだ。

大いなるとどろきに変化してゆく死。自然と同じだ。宇宙原理と同じだ

・アヴィニオンのトール市オーディトリアムでは観客を通して、彼方と話せた。好評でもう一度三日後のフィナーレに踊ってくれ、と言われた。こっちはちょっと疲れ気味で観客とのコンタクトを

欠いたと思う。

完全に無視（リアン・ナ・フートル）、何百メートルも上にいること、と同時に地に伏し胸を折って礼し、深々と受け入れること。それは宇宙音を聞くこと。毎日の稽古、工夫と、確信、確信、確信。


核心、核心、核心。

格神、格神、格神…

・八八年七月、三年目のアヴィニオン。今度は基本的に大成功だ。しかしそんなことはどうでもいいんだ。
客もジャーナリストも完全に無視（リアン・ナ・フートル）。宇宙音を聞くこと。核心、確信。格神。彼方を見つめる目。座っている、座っている。眼が、腹が。何百メートルも上を見ている。

同時にもう簡単なものだ。いまはバカンス（空）だ。
・かなたの光を見つめ、祈り、摘み取る。それは確信の動き。空気を切る。ギニョル（あやつり人形）。
やりたいことをやる。深々と楽しい人生。色と香りのトゥルビヨン（注：竜巻）
・神様が高み近くに呼んでくださる。ふくいくと優しく、また敢然と怒り、また静かに涙を流す時。
そうしてこそ、観客すべての人と分かち合うものがある。それまでは完全にリアン・ナ・フートル。

光を見つめ、祈る。

芝居は人生を越えて人生を描くものだから。つまり神の似姿を求めるよりほかはないのです。大きく投げ打ち、空気を切る。完全な表情そのもののスュクセション（注：連続）。ティプ（注：典型、元型）になる。胎児の鼓動、顫動…
・アルトーとは何者だったのだろう。アルトーの予言、高すぎる高み。狭められる壁、薬漬け、電気ショック。覚め過ぎると墜落だ。この姿を踊るのが今夜の私のミッション
・何も力むことはない、力みすぎてはいけない。力、内から涌き出る。平常心を持ち、かつ新たな啓示を受けつつ話すこと。維持することのアール（注：アート、技術）、維持すること。つねに新たに生き直すリチュエル（注：儀式）
・三つのエフ、フォルス（注：力）、フォルム、フォワ（注：信仰、確信）。昨日袖で出を待っているとき、おかしなことにマイケル・ジャクソンのことを思った。あのくらい、蛇と暮らすくらいの人間離れだと、カミワザの神経と技術が湧いてくるだろう。
・何度読んでも（注：日記を）一一年前のパリ到着からの歴史は、驚くばかりの苦労。どん底だ。すべてを自ら失ってゼロからやり直したのだから……。なぜ、なぜ苦労を探す？　なぜ足りないもののことを思う。
持っているもの。パリの自由な生活。結構なアパート。レオ。Ｖ（当時の恋人）、六月のソロ。そ

の後のグループ公演。同じく六月のエクスポ（絵を初めて展示できた）。いまほど幸福なときはない。本当に私がやりたかったこと。美の実現。あの時間―スペクタクル……透視される。そして透視せよ、みずから透視せよ。かなたの時間と空間に

走り書きの叫びのような日記だが、一人フランスという孤島に身を隠すようにしながら目指していたもの、私が自分の踊りのスタイルや舞踏論をもがきながら創っていったさまが、一番生々しく現れている。舞踏は、「だれでもない自分」にならなければできないことだから、私は一度はすべてを捨てて、ハダカ一貫で異国にさまよわなければならなかったのだと思う。そんなことをしなくてもできる人はいるだろうが、私の場合は、学歴や家族や国という厚いゴワゴワした衣をまとったまま踊ることはできず、まがりなりにも「出家」は必要なプロセスだったのだと思う。

この日記のころ、さかんに私は確信、核心、格神などと造語まで使い、フォルス・フォルム・フォワの三つのエフなんて、さらに奇妙な標語まで勝手に作っている。憑依や祈りとしての舞踏に向かって必死に格闘していた。そしてギニョル（あやつり人形）、ティップ（元型、典型）になることから、マイケル・ジャクソンの分節化された動きと神経など、踊りの技術の面でも気になったものはすべて貪欲に取り込みながら、独自のスタイル形成に向かっていた。高みに上りつつ地に伏す、敢然と怒り、涙する。沈黙し宇宙音を聞く。発火点ギリギリの不動……。さまざまに私の体は話し始めていた。

『堕天使アルトー』には一〇を超える買い手がその場でつき、フランス国内からスイス、壁崩壊前後のベルリンにも行った。パリに住んで十数年、次第に大きなプロジェクトも舞い込むようになった。

## バタクラン劇場と五月革命

一九九〇年の冬、私はフィリップ・レオタールという強烈な俳優の相手役として、バタクラン劇場での二カ月公演を控えていた。日本ではあまり聞き慣れないかもしれないが、フランスでは有名な俳優。映画ファンには、フランソワ・トリュフォーの作品で知られる。

フィリップは若いころは、シェイクスピア劇などの斬新な演出で日本でも有名で、来日も果たしたアリアンヌ・ムヌーシュキン率いるテアトル・デュ・ソレイユ（太陽劇団）の団員だった。映画出演も重ね有望な役者として注目を浴びていたが、アルコールと麻薬におぼれ始めた。私が共演したころには、五〇を回ったばかりなのに、くっきりとしわの刻まれた顔、ガラガラのしわがれ声、ああ、そうやって人生の敗残者になるのか……と思えばそうではないところがフランス。逆にそのイメージで俳優としても歌手としても大ヒット。演劇・映画界のセルジュ・ゲンズブールとでも言うところ。アルコール中毒率世界一のフランスは、そんな「自分を蝕んでしか、むき出しにできない人間の真実」が好きらしい。またフィリップは前国防大臣、フランソワ・レオタールの兄だ。フランスは身分が決まっていて、大臣級になるのは名門の出。みんながエリートコースへとひしめく日本より競争がないだけ楽だ。「名門の不良息子」のイメージが反骨精神旺盛なフランス人の人気に拍車をかけていた。

出し物はベルナール・ノエルが一九七〇年に書いて発禁になったエロティック文学『聖餐の城』の舞台化。言うまでもなく人間の深い謎、生と死の本能や嗜虐と被虐が出会う地平としての性を描いた純文学である（『聖餐城』として翻訳が出ている）。二〇年ぶりの解禁（ガリマール社）という話題性と、フィリップの知名度によって、パリの数百人収容のバタクラン劇場の二カ月公演は連日満員、後半は立見が出る成功を収めた。総計一万人以上が見たことになり、私も少し有名人（？）になり、道で見知らぬ人に呼び止められたり、時にはサインを求められたりした。

『聖餐の城』でフィリップ・レオタール（左）と共演

このフィーバーを理解するには、そして舞踏のフランスでの位置を知ってもらうには、ベルナール・ノエルがこの本を書いた、五月革命の名で知られる一九六八年五月に触れる必要がある。学生を中心とした反乱があらゆる既成価値の逆転をはかった激動の季節だ。いまもメ・ソワサント・ユイット（一九六八年五月）といえば、現在六〇歳以上のフランス人には何らかの感慨がある。またそういう人たちのことを、少しからかってソワサント・ユイッタール（六八年組）と呼んだりもする。

彼らはカルチェラタンの石畳を剝がして機動隊に投げつけ、サルトルたちの「巷の哲学運動」として哲学喫茶で夜を徹して語り合い、黒ずくめのジュリエット・グレコの歌に聞き入った青春を持っている。一四年にわたって国を統治したミッテラン政権へと流れ込んだ動きは、社会、経済、倫理のあらゆる面に及んで改革を要求し、実際に法改正させる（たとえば労働基準法や堕胎法改正）ところまでいったのだから、単なるハシカのような若者の暴動の域をはるかに超えていた。

私がフランスで活動を始めたときには、ソワサント・ユイット（一九六八年）から一〇年も経っていたのだが、それでもその痕跡は至るところにあった。そして、当時から多くの日本人が禅や合気道を広めに行っているが、なかでも特筆すべきものに弟子丸泰仙《でしまるたいせん》の禅がある。ソルボンヌ大学教授やアンドレ・マルロー、レヴィ＝ストロースなどの日本でも有名なそうそうたる学者、文化人らも巻き込みながら、あっという間にヨーロッパを席巻し、国営放送で数時間の特別番組が組まれ、一〇年で十数万の弟子ができた。こんな弟子丸のことを日本人に話してもほとんどの人が知らない。地球の裏と表のここまでのギャップ！　これも不思議な現象である。

さてパリ・バタクラン劇場で、『聖餐の城』の登場人物は、フィリップ・レオタール演ずる主演の「男」と、その男に相対する二人の女。「白い月」と呼ばれ、白い裸をさらすオブジェと、もうひとりは「伯爵夫人」と呼ばれる、畏敬と恐怖の対象でありながら男の共犯者となってゆく女で、私はその「伯爵夫人」の大役を与えられた。本番が迫ってもフィリップは酒と麻薬のせいか、せりふが覚えられない。まわりはやきもきし、演出家とフィリップとの間は険悪になり……とすったもんだの稽古期間が過ぎて、一二月、クリスマスがあと何日かに迫ったある夜、ついに本番の幕が上がった。

フィリップは楽屋でウィスキーをもう一びん空けていたが、それでも足りないとばかり出番直前、舞台の袖で麻薬の粉をキュッと吸い込んでのお出まし。時には上演真っ最中にせりふが出ず、袖で台本を読んで、また悠々と出て行くという日もあれば、舞台の上でハッシシをおもむろに巻いてプカリとやるというような、いまの日本なら確実に警察、いや監獄行き、上演打切りになるようなとんでもない一幕もあった。

二〇数年前のフランスの芝居小屋にはそれを許す何かがあった。いやそれ以上に、その「尋常ならざる状態」が観客と舞台の間を強い緊張でつなぎ特別な時間が現れる、ということが成立した。フィリップがあるときはは裂けんばかりに、またあるときは自嘲にも似た啜り泣きや笑い声を交え、かすれ声で二時間の芝居を終るころには、しっかりと観客の心を摑んでおり、客はどんなアクシデントがあっても、いや、あればあるほど「ブラボー!」を叫んでいたのである。

ところでここまで読まれた読者のなかには、「バタクラン劇場。どっかで聞いたな」と思った方もいるかもしれない。そう、二〇一五年、テロの標的となって八九名が殺された場所である。二〇数年も前のこととはいえ、四〇日間その舞台に立っていた私は、すぐ二、三の友人に電話をした。彼らのまわりには犠牲者はいなかった。そして、「テロに負けないのはおびえないこと。明日は劇場の隣のレピュブリック広場で集会よ」と教えてくれて、その映像も見た。アラブ系の人が首から「イスラム教徒がみんなテロリストだと思わないで。僕を信じるならキスしてください」と書いた札を下げて立ち、次々とフランス人たちがキスしていた。こんなとき、彼らのソリダリティ（連帯）精神が発揮される。それにしても二〇一七年の大統領選挙結果、三人に一人が右派支持に回るとは！　フランスはどこへいくのだろうという心配を拭えない。「その前に日本はどこへいくのか、自分の心配しなさいよ」とフランスの友人には言われるかもしれないが。

## 日本の心身技法と西欧の文化政策

『聖餐の城』の私に対して、フィリップのような強烈な俳優を相手に互角以上に渡り合えた、と共演者、演出家、そして何人もの観客からも言われた。なかには「スマコの方が役者を食っていた」とか「スマコがいなけりゃあの公演はメチャクチャだったと思うよ」と言う人さえあった。自慢話をしているようだがそうではない。私のみならずヨーロッパで仕事をしながら、どこか心と体の深いところで、「私たちはあなたたちに決して負けない何かを持っているのよ」と感じながら生きている日本人は少なくないはずだ。一言でいえば、日本の心身技法が培った盤石な根のＤＮＡのようなものを、どこか、たぶん臍下の肚のあたりで感じているのだ。

一方、演出や振付のコンセプチュアルな面では、彼らに頭の下がることが多かった。たとえばピーター・ブルックによる、精神科医オリバー・サックスの著書『妻を帽子とまちがえた男』舞台化の公演を見たときのこと。最終シーンでモニターに脳のMRIが映し出された瞬間、こんな単純なやり方で精神世界の神秘を一挙に立ちのぼらせるなんて、とガツンとやられた。また、ピナ・バウシュの『カフェ・ミュラー』で、ピナと若い女性がほぼ同じパラレルな動きで踊り、男がカフェの椅子をガタガタと移動させるシーン。これだけで年老いた女性の若さの記憶、愛や暴力などが見事にあらわされる演出・振付に完全脱帽だった。これはもちろん彼らの才能であるが、それに加えて、一作品を一年がかりでつくる環境にも負っている。そんなに予算が取れない私たちのような作品でも、最低数カ月の朝から晩までの有給の（！）稽古があった。

世界のほかの国と比べてみると、フランスという国が文化や芸術にいかに情熱と力（とお金）を注いでいるかに、改めて感動を覚える。年間の観光客数は世界一。その吸引力はなんといっても「文化」だとフランス政府も知っている。文化保護は経済政策の一つでもあるのだ。それだから、パリのオペラ座のダンサーやコメディ・フランセーズの役者は国家のVIP待遇で、役者から裏方までの専用の老人ホームが用意されている。死ぬまで、「あのときのあのシーン覚えてる?」などと言い合って最後の日を迎えるのだ。わが国の官僚の天下りより、もっと精神的に贅沢な保護を芸術家に与えている。

そこまのＶＩＰでなくても、シモジモにいたるまで保護が与えられている。劇場やダンス・カンパニーに劇場運営費や制作費が国家予算から出る。たとえばカンパニーで仕事をすれば、そのカンパニーはもらっている助成金から給料を払う。稽古中も給料が出て、衣装も音楽、照明もプロが付き、広報、新聞社などの案内も担当者がやる。本番はもちろんそれ以上の給料が出て、できあがった作品は劇場が買い取る。劇場にも国家の助成金が出ているからだ。

ここまででも、日本の同業者に言うとエッと耳を疑われる。本番にギャラが出ればいいほうで、稽古中に給料が出るなんて夢のまた夢。さらに作品を劇場が「買う」というところでみんな「信じられない」と言う。日本では劇場の賃料を払って借り、その穴埋めにチケット売りに奔走しなければならないからだ。そしてフランスの文化保護政策の極め付けが、アンテルミタン・デュ・スペクタクル（Intermittent du spectacle：舞台労働者断続雇用制度）、一種の失業保険である。二、三カ月仕事をしたら、仕事がない時期一〇カ月ほどは生活を保障する、世界に類を見ない制度である。失業保険というと聞こえが悪いが、これは私でもカトリーヌ・ドヌーヴでも同じく享受しており、みんなむしろ誇りをもって受け取る。もちろんユーロの不調は覆うすべもなく、フランスでも助成金の縮小や配分の不公平などが指摘されているが、それでもなお日本の惨状（！）とは比べ物にならない。

見る側のことを言っても、とにかく日本は高い。玉三郎は日本では一万円ぐらいで遠くから見た記憶があるが、パリ公演のときはかぶりつきで三〇〇〇円くらいで見た。間近で見る玉様は素晴らしく、たとえば足さばきの見事さまで観察できて、たいへん勉強になった。美術館も安く、週一は無料のところもある。日本に帰ると、場所によってはアートは一部の高級な人たちのもの、という感じがすることがある。ポーランドのタデウシュ・カントールが渋谷のパルコ劇場で公演をしたとき、やってきたカントール自身が、「俺の芝居はこんな高級な（注：下の高級デパートはルイ・ヴィトンを売っている）場所で、こんな高いチケットでやるようなものではない！」と上演中止にしかねない勢いで怒ったという話も聞いた。

誤解なきようひとこと付け加えよう。自由の国、芸術の国フランスは、「だれでもが自由に自分なりの表現をしよう」という国ではない。「プロフェッショナルなアーティストに手厚い保護を与えよう」という主義である。逆にいまの日本のほうが、「だれでも自由に自分なりの表現」という言葉をはるかによく聞く。フランスの芸術家保護は手厚いだけに選考も厳しい。国立劇場級の場所にすぐに立つことができるのは、国立コンセルバトワール出身の役者だけ。ダンサーも人に教えられるのは、国家試験を通ったものだけ。パリ・オペラ座のＶＩＰダンサーは数千倍の難関をくぐり抜けた精鋭、しかもその寿命は長くない。失業保険制度に入る資格も、過去八カ月半の間に五〇〇時間以上「ちゃんとした給料を取る仕事」をしたものだけ。フランスは社会保障が充実しているだけに、給料から引かれる額も膨大で、たとえばダンサーに手取り三〇万の給料を払おうと思えば、雇用者側は五〇万以上の額を払うことになる。だから五〇〇時間以上「ちゃんとした給料」をもらうのは結構大変なことだ。

## カトリーヌとカミュとミショー

カトリーヌ・セレルスはジャン＝ルイ・バローと共演を重ね、また『異邦人』で有名なアルベール・カミュらの愛人であった、フランス有数のギリシア悲劇女優。私が知り合ったときはもう六五歳で、いまをときめくというわけではなかったが、演劇通の人には一目も二目も置かれている大女優だった……ということは、実は後から知ったのである。バタクラン劇場で私を見て感銘を受けた、話をしたい、とカトリーヌの夫の演出家ピエールから電話があったときには、「へえ、だれだろう？」という気持ちでお家にうかがった。コメディ・フランセーズでの仕事のこと、友人ジャン＝ルイ（バロー）、さらにかつての愛人アルベール（もちろんカミュ！）の話題などがつぎつぎと出た。二〇歳の私が遠い日本で憧れていた人たちがすぐ隣に！　とドキドキした。二〇年という時間と、日本とフランスという距離が一気にタイムスリップした。

と同時に、私はその発音の美しさに聞き惚れていた。それをカトリーヌに言うと、古典フランス演劇の殿堂コメディ・フランセーズの舞台に立っていた正統派女優は、「フランス語は口と舌と唇のアクロバティック体操のようなものなのよ」とうれしそうに答える。確かに日本語表記で「ル」と書かれてしまう音は、「r」であれば舌の奥をウガイのように震わし、「l」であれば前歯の裏に当てる。また両唇を閉じたり開けたり、鼻に響かせる音があったり、めまぐるしい。そのほかにも男性・女性名詞、単数・複数により動詞活用はもちろん、形容詞もすべて変わる。発音はアクロバティックで、文法構造は極度に理論的・規則的な言語が、すでに彼らの思考パターンをつくりだしていることは間違いない。一方、私たちの日本語、および漢字という表意文字、さらに三一音や一七音の歌や句を詠んできた日本語の歴史は、また私たちの思考形態に影響を及ぼしているだろう。

カトリーヌはアンリ・ミショーの詩が大好きでたびたび朗読をしてきたが、舞台化を長年夢見てきた。バタクラン劇場で私を見て、「この人が参加してくれれば上演できる」と思ったという。アンリ・ミショーは、目に見えない神秘世界を書きとめたような詩を作った詩人だ。また宇宙からの啓示のような記号的な字や絵も書いている。彼の作品を見ると、「西欧と東洋の結婚」という言葉が浮かんでしまう。西洋人の理性、自由の精神、飛翔、ユーモア

Cela fait vingt ans que ierre Tabard (le metteur 1 scène) et Catherine Sellers (la comédienne) portent : rêve en eux. Il a fallu que théâtre de La Criée ose lever le défi pour qu'enfin se réalise.

Mais c'est surtout la rencontre presque magique vec Sumako Koseki, une anseuse chorégraphe de uto qui a provoqué l'urnce. Le Buto, cette danse tuelle Shintoïste qui signie à la fois, "danser" et 'apper au sol", coïncide ctement avec le mystine de Michaux.



"Catherine Sellers, à travers sa propre quête d'actrice -quête d'Absolu -rejoint ce Voyage initiatique d'une âme immortelle dialoguant avec l'âme laissée sur terre parmi les vivants, lui adressant des messages d'amour pour l'aider à effectuer le passage dans son propre monde, la mort".

Comment théâtraliser le combat de l'archange, le, "Je veux être engloutie, mais vertigineusement vers le haut"? Pierre Tabard avoue :

"Nul mieux que Michaux n'a su, par l'écriture ou la peinture, explorer ces no man's land du corps et du cœur, des nerfs et de l'esprit, où l'aventure nous mène aux confins les plus reculés de l'Indicible. Mais pour traduire

Nous avons eu le bonheur de rencontrer Sumako Koseki".

Cette danseuse-chorégraphe n'évolue pas entre des sentiments, mais entre des états d'esprit, eux-même ossifiés, réduits à des gestes. L'idéal Double qui s'effare des apparitions de l'Au-delà.Et qui va, uniquement éclairé par des cierges (miraculeusement encore fabriqués à la rue de Lodi), faire vaciller jusqu'au vertige, "l'Espace aux ombres", avant de clôturer, dans la grande salle du "Rond-Point", le "Mois du Japon" à Paris.

Pierre Tabard a adressé son projet à quelque quatre-vingt "décideurs". Seul Marcel Maréchal a dit "oui". sans savoir du reste que les musées de Marseille devaient, courant mai, consacrer un cycle à Michaux peintre. Le hasard des âmes, sans doute.

Edmée SANTY

ラ・クリエ立劇場の『影の空間』のポスターと『ル・モンド』の記事

などと同時に、東洋的な静けさ、直感、宇宙との交感などの要素が交じり合っていると感じる。カトリーヌが東洋的詩人ミショーの作品の舞台化にあたり、東洋人の私との共演を考えたのはまったく自然なことだが、さらに言えば、行おうとする公演『影の空間』(肉体の死と完全な死の間の空間)の内容と舞踏の世界が呼応すると感じたらしい。ジャン＝ルイ・バローとその夫人マドレーヌ・ルノーにちなむパリのルノー・バロー劇場(いまはロン・ポワン劇場)とマルセイユのラ・クリエ国立劇場での公演について『ル・モンド』紙は次のように書いてくれた。

名優カトリーヌ・セレルスの念願、アンリ・ミショーの舞台化は、スマコ・コセキとの共演で可能になった。全身が指先に至るまで不思議な太古の生きものの物語を紡ぎだす。それはミショーの「魚は水の中から釣り上げられて、初めて水を思う」、「盲目ゆえにものを見る目」の言葉と符合している。

ミッシェル・コルノー『ル・モンド』一九九三年一二月

## コメディ・フランセーズ

その後、二〇〇〇年にかけて私がパリでやった多くの仕事で、特筆できるものとしては、一九九五年のイブリー劇場公演がある。パリジャンもよく通うそのパリ近郊の市立劇場の演出家アデル・アキムの仕事に興味を持っていた私は、一つの公演の案を持って行った。それはシェイクスピアの『マクベス』を森の側から見る、というアイデア。長年私は、キリスト教に迫害され魔女のイメージの原型にされたケルト文明に関心を持っており、森の文明ケルトの側から、「森の魔女、ダンシネイン城を攻めのぼる森」など、森と関係の深いマクベスを読むと面白いものが見えてくる、と思っていたのだ。

マクベスを題材とした『Corps』イブリー劇場

イブリー市立劇場にはかなりお金があったのか、このときの舞台装置は、後にも先にも経験したことのない規模のものとなった。広い舞台全体に一〇センチほどの盛り土をし、天井にジョウロのように小さな穴をあけたパイプを巡らして細かい雨を降らせ、公演の初めには乾いていた舞台が次第にぬかるみになっていく。その中でマクベスが運命「動く森」にからめとられるように文字通りぬかるみに陥る仕掛けである。アデルは『マクベス』に依りながらも自分で台本を書き直した。そのタイトルは『Corps』（体）。私と舞踏との出会いには、最大級の敬意を払った名前をつけてくれた。出版された台本には、表紙の下に「スマコ・コセキの提案により書かれた」との一言が添えてある。

その後しばらくして、何とフランス演劇随一の殿堂であるコメディ・フランセーズでも仕事をすることになった。コメディ・フランセーズと言えばモリエール演劇の伝統がまず思い浮かぶだろう。しかし彼らは新しい演劇の息吹を取り入れる努力も怠っていない。年一回、「時の人」的な演出家を外部から呼んで、古い演劇の殿堂に新しい風を入れている。私が呼ばれたのもその一環で、テンペスト劇場の気鋭フィリップ・アドリアンが招待された。出し物はジャン・ジュネの『女中たち』。私は俳優の動きの指導にあたった。コメディ・フランセーズの二館のうち、初めに仕事をしたのはヴィユ・コロンビエ座のほうだった。ここは一〇〇年以上前にジャック・コポーがフランス演劇の革新のために学校まで作って活躍した劇場である。その「革新」たるや、前述したように、日本演劇の導入であった。このヴィユ・コロンビエ座こそ、演劇界のジャポニスムの中心的な場所だったわけだ。コメディ・フランセーズと日本の関係！　思いもかけない組合せがこんなところにあった。こぢんまりとしたヴィユ・コロンビエ座で演じられた『女中たち』は好評を博したため、数年後、より大きい日本人観光客にもおなじみのリシュリュー館で再演された。パンフレットに私の名

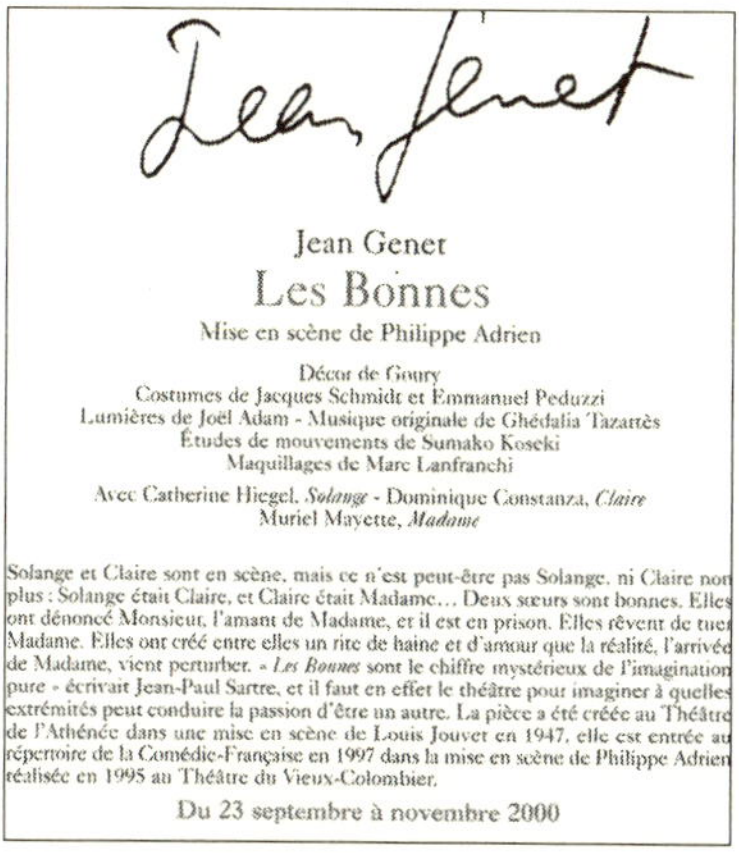
Jean Genet

Jean Genet
Les Bonnes
Mise en scène de Philippe Adrien

Décor de Goury
Costumes de Jacques Schmidt et Emmanuel Peduzzi
Lumières de Joël Adam - Musique originale de Ghédalia Tazartès
Études de mouvements de Sumako Koseki
Maquillages de Marc Lanfranchi

Avec Catherine Hiegel, *Solange* - Dominique Constanza, *Claire*
Muriel Mayette, *Madame*

Solange et Claire sont en scène, mais ce n'est peut-être pas Solange, ni Claire non plus : Solange était Claire, et Claire était Madame… Deux sœurs sont bonnes. Elles ont dénoncé Monsieur, l'amant de Madame, et il est en prison. Elles rêvent de tuer Madame. Elles ont créé entre elles un rite de haine et d'amour que la réalité, l'arrivée de Madame, vient perturber. « *Les Bonnes* sont le chiffre mystérieux de l'imagination pure » écrivait Jean-Paul Sartre, et il faut en effet le théâtre pour imaginer à quelles extrémités peut conduire la passion d'être un autre. La pièce a été créée au Théâtre de l'Athénée dans une mise en scène de Louis Jouvet en 1947, elle est entrée au répertoire de la Comédie-Française en 1997 dans la mise en scène de Philippe Adrien réalisée en 1995 au Théâtre du Vieux-Colombier.

Du 23 septembre à novembre 2000

ジャン・ジュネ『女中たち』コメディ・フランセーズのパンフレット

前は「俳優の動きの指導」として記されている。

## 帰国へ

フランスの文化政策と日本の心身技法のおかげでラッキーだった私といえども、また「出家《しゅっけ》」とうそぶいてきた私ではあったが、三〇年のフランスの舞台活動はやはり戦場でもあった。子育てを助けてくれる親戚一人いるわけでもない。熱があろうが腰が痛かろうが（椎間板ヘルニアに苦しみ手術に至った）、仕事はある。芸術大国を誇り文化保護も厚いフランスだが、「だれでも自由に芸術をやろう」ではなく、「プロフェッショナルな芸術家」に厚い保護を与える国である。

Le Monde
SAMEDI 22 JUILLET 2000
CULTURE
LE MONDE / SAMEDI 22 JUILLET 2000
Sumako Koseki, une histoire de solitude
PORTRAIT
Originaire du Japon, cette danseuse formée au buto recherche le « tout »

『ル・モンド』（2000 年 7 月 22 日）の記事

それでも私はそのやり方は好きであり、そのフェアプレイの中で生き生きと泳ぎまわった。制度的厚遇も享受し、出会いに恵まれ、国立劇場級の劇場で踊った。『ル・モンド』紙や『フランス・キュルチュール』誌などの高評価を受け、またシラク市長時代のパリ市立文化振興協会や、エクサン・プロバンス大学演劇科などで教えるという経験もし、フランス演劇の殿堂コメディ・フランセーズでも仕事をした。
なにより毎日楽しかった。仕事はたいへんとはいえ、つくることは楽しく、ダンサーや俳優たちと飲んだり騒いだり、世界中のハイレベルな舞台や映画に接し、それをネタに延々と喧々《けんけん》諤々《がくがく》のおしゃべりをし、たくさんのものを学んだ。これも日本の心身技法と舞踏のおかげ！　私は本当にラッキーである。

ところがみんなが私が上り坂にあると思っていたころ、また子育ても終わって楽になったころ、私はこのまま続けるのが嫌になった。ある意味のチャレンジは果たした気がする一方、自分の舞踏はまだまだ変わるはずだし、変わらなければならないと感じていた。もう一度〈出家〉あるいは〈脱皮〉が必要なのだ。舞踏が一流劇場の一流文化になることはうれしくもあるが、かすかな違和感もあった。舞踏自体の持つ反社会性（反成功性？）か、あるいは私自身のそういう性格か？

体内時計のようなものが、そろそろ帰るときですよと告げたのか、サケが生まれた川を遡上するのと同じような生物的な郷愁にかられた。舞踏にはどこか日本人の根に遡るところがある。その日本人性の追求が皮肉なことに、（高度成長期の）日本ではなく、フランスといういまの日本以上に日本の心身技法を真剣に求める文化大国であったとしても、私はそこに最後まで骨を埋める気はなかった。

# 第三章　闇は光でいっぱい

## 舞踏とは

ここに至って、ようやく私は舞踏の定義めいたものについて語ろうとしている。あまり舞踏を知らない方たちは、「いったい舞踏って何?」という疑問符をずっと頭の隅に持ちながら読んでこられたことだろう。あらためて一人のダンサーの踊る肉体から、当初からわかりにくいとされてきた土方巽らの言語を読み解こうと思う。

『病める舞姫』、『美貌の青空』、『対談集』、『未発表草稿』などが土方巽全集として大部の二巻に収められている。この高価な本を買ったものの数ページで挫折したという人を私はかなりの数知っている。私は本書の第一章で、「おれの無知にはかなうまい。永遠の昼間。オシイレの中でそう考えた。真の闇の中は光でいっぱいである」という、土方のただ一行についてかなりの行数を割いて検討した。闇の定義、闇の中の光、無知、昼間。すべて一読ですぐにわかるものではなく、その意味を知ろうとする過程がすでに舞踏の理解である。土方の文章はことごとくそんな文章である。土方巽は舞踏家の武内靖彦に、「武内、あそこに(『病める舞姫』)、全部書いてあるから」と言い残したというから、その言葉の読みときが舞踏であることはまちがいないだろう。

そのうえ読んでいるとまるで反対のようなこともある。たとえば、「手続きの欠けたからだ」というから無茶苦茶に踊ればいいと思っていると、これが大間違いで、「バレエの優雅さや精巧」をたたえ、「ハプニングは正確でないから嫌だ」と断定する。「暗黒」というから恐ろしく破壊的かと思えば、「子どもだけがはぐれていない」つまりマットウだと言い、「人間の営みを支える力を取り返そう」と驚くほど生産的なことを言う。何が何だかわからなくなって、理解をギブアップしたり、自己流解釈をしたりということが繰り返されてきたとしても当然だろう。

舞踏の諸相は古代や死者から子どもや舞姫まで非常に多岐にわたっており、その壮大なる全体をどうとらえたらよいのか困惑することが多いだろう。多岐にわたる諸相の代表的なものだけでも次に書き出し、それらを検討してみようと思う。無論このように整理することは、カオスのままの肉体をコトバにしようとした土方の意思に反するものであることは承知している。しかしカオスの言葉は、いずれにせよ理性のアタマで読まれてきてしまった。そのなかで、重大な誤解になだれ込んだことを思えば、ある程度の整理をしながら、それを立て直すことも許されたい。

一　暗黒をめぐる諸相「暗黒、闇は光でいっぱい」など

二　死体や死者をめぐる諸相「突っ立った死体、古代的感受性の現代的再生、魚の体験＊、死者の恩恵＊」など

三　空虚、からっぽをめぐる諸相「空虚のように生き生きとして、からっぽのたえざる入れ替え」など

四　速さをめぐる諸相「躓いて転ぶ間に、脈絡のない身体、息つく間もなく」など
五　自己をめぐる諸相「私は自分が自分であったことはない、自分なんか振りまわしているダンサーは人形に負ける」など
六　管理社会をめぐる諸相「はぐれる、飼いならされる、子ども」など
七　美や精緻をめぐる諸相「憧れ、精緻、ハプニングは嫌い」
八　形式・自明性をめぐる諸相「一挙にわかるものがあるはず、即興性と形式の結合＊＊」など

引用した言葉は＊が大野一雄（『稽古の言葉』）、＊＊が笠井叡（『未来の舞踊』）で、残りはすべて土方巽による。これらすべてが互いに切り離しがたく関係している。だから実はその総体をとらえる中心概念が必要なのである。

そういう中心概念として、すでに私は「おれの無知にはかなうまい……真の闇の中は光でいっぱいである」を取り上げるなかで、カラダの無意識、非理性に照準を合わせてきた。ところでカラダの闇にうごめく生き物たちは整理され、重い言葉の意味につなぎとめられることを拒否する。そのために土方は言葉を使いつつ、言葉から逃れようとするように、変幻する。一つの言葉（形）を与えては、それが意味として定着される前にもう別のものに飛んでいる。まさに言葉という意味（理性）の世界でも、なおカラダの闇（無意識、非理性）と同じように、「からっぽのたえざる入れ替え」をしている。

「突っ立った死体」、「闇は光でいっぱい」、「空っぽのたえざる入れ替え」、「古代的感受性の現代的再生」など次々と生みだされた「非言語の舞踏を再度言語化する矛盾」を溶かし込む秀逸な表現は、踊る土方の天才と同様、言語という分野でも才能を示していることに間違いはない。

にもかかわらず、それはだれもがすぐにたやすく感得できるものではない。ここにある「踊る身体」は、トランスやメスカリン体験、武道の達人に比しうるように特殊で、かつ動物や子どもに比しうるほど単純で無垢な状態である。それが普通の日常からはかけ離れた状態であることを思えば、そういうカラダからの理解でない場合には、誤解を生みやすく、百家争鳴の果てには「舞踏は定義不能」とエキスパートにさえ言わせるような事態に至っている。

いま日本では舞踏はどう認識されているのか。専門家による研究や読書会などがあることは知っているが、一般の人にはどのようにとらえられているのかが気になって、たとえばウィキペディアはどんなことを書いているのか、これを書くにあたってのぞいてみた。ところどころを簡略化しながら拾ってみる。

暗黒舞踏の舞踊界への「反逆」の試みは、話題を呼び澁澤龍彦、三島由紀夫などの作家は魅了されたが、正統的な舞踊界からは異端視・蔑視「剃髪、白塗り、裸体、野蛮、テクニックのない素人の情念の踊り」と思われる存在だった。

【舞踏の前史】

マリー・ヴィグマンらのドイツの「ノイエ・タンツ」に学んだ江口隆哉の舞踊研究所に大野一雄が入所。独立した大野に土方巽が合流する。また土方は「ネオ・ダダ」の運動にも参加。

【特徴・定義】

暗黒舞踏を定義することは困難である。調和／過剰、美／醜、西欧近代／土着・前近代、形式／情念、外への拡がり（extension）／内的強度（intensity）といった対において、後者のなかにこそ見いだせる倒錯した美を追求する踊り、と言えるかもしれない。祭りのときの共同性の確認のための民俗舞踊などと異なり、暗黒舞踏は個人の単独性を提示する。天上界を志向するクラシックバレエとは異なり、蟹股、低く曲げた腰によって下界を志向する。一般に剃髪、白塗りのイメージが強い。「ツン」と呼ばれるビキニ状の衣装で局部を隠し、裸体の上から全身白塗りする事が多いが、白塗りは必須ではない。

気になったところ、賛同しかねるところに傍線を引いた。「定義は困難」としつつ五対ほど反対概念を挙げ、後者の方を舞踏が重視しているというのだが、西欧近代／土着・前近代の対については賛同できるとしても、残りには私は異論がある。

「美／醜の対について」は、土方巽は「絶望的な憧れ」を言い、大野一雄は「見たこともない美しさ」と言い、beauty and strength（美と強さ）を標語としている。美は舞踏において大変大きなテーマであって、簡単に切り捨てるのはまちがいである。

「形式／情念」の対について、笠井叡はイサドラ・ダンカンを語りながら「形式」の重要性を展開しているし、土方にも「バレエがモダンダンスを超えたことはない。優雅さにおいても精緻さにおいても」とか、「ハプニングは正確でないから嫌い」という言葉がある。舞踏が形式を軽視というのは間違いである。「『情念』重視、個人の単独性を提示、クラシックバレエとは異なり」も後に説明するように誤解。特に「個人の単独性」のところは甚だしい間違い。一方、「剃髪、白塗り、ツン」などの表層的な枝葉については、「白塗りは必須でない」などと妙にていねいに書かれている。こういう表層への注目も非常に一般的にあり、舞踏と聞いて、「ああ、あの白塗りで坊主アタマの」と返ってくることも多い。結局のところ本質は語られることがあまりない。

## カラダそのものに探る

もちろんこれまで芸術論や哲学からの、あるいは土方の生い立ちなどについて優れた研究があった。それらの価値は十分知りつつも、私は一度カラダそのもの、「踊るカラダには何が起こっているのか」ということに的を絞り、生物進化の中でのニンゲン、そのカラダと理性、情動という新しい切り口で見直したいのである。

脳の仕組みを簡単におさらいしておこう。脳の奥の方に爬虫類脳と呼ばれる原始的な反射機能だけの脳がある。そのまわりに下等哺乳類の大脳旧皮質、さらに外側、つまり脳の表面に近いところを人間特有の巨大な大脳新皮質が覆っている。人間脳・理性脳と呼ばれる最も高度な脳である。

大脳新皮質は感覚野のある後頭葉、運動野のある頭頂、言語をつかさどる側頭葉、そして思考・判断の中心である前頭葉に分かれ、また右脳と左脳で機能が違っていたりと複雑であるが、ここでは前頭葉の思考と判断機能だけに注目すればいいだろう。爬虫類脳には視床があり、先に述べたように情報がここを関所のように通過する。爬虫類脳が別名反射脳だというのは、たとえばほかのケモノに襲われるというような緊急事態に際し、すぐに視床下部—脳下垂体—副腎皮質の連係が起こってアドレナリンが放出され、心拍数、筋肉への血流の量、瞳孔、爪、牙が戦闘態勢になるという反射である。

人間の反応の場合、感覚野で受け止め前頭葉で判断し、というようなプロセスが加わり、それだけ高度な分析があると同時に、とっさの反応は遅れる。時には緊急事態に爬虫類脳的反射を使う。それがいわゆる、考える間もなく体が動く「火事場のバカ力」のような場合である。それをジョゼフ・ルドゥーは恐怖をめぐる一次・二次反応として研究している（『情動の脳科学』東京大学出版会、二〇〇三年）。

爬虫類の時代から何億年もかけて、いま私たちはこのような三層構造の脳を持つに至った。爬虫類脳を肉体脳あるいは反射脳、旧皮質を下等哺乳類脳あるいは情動脳、新皮質を理性脳あるいは人間脳と呼ぶことがあるのはそれを反映している。湯浅康雄は武道の「遠当て」の際、基調となる瞑想型α波とともに、技をかける瞬間に$\beta_1$波が古い脳から出ていることに注目している（『気とは何か』NHKブックス、一九九一年）。一般にも、アスリートや格闘家について「動物的直観」という表現を使うことは多い。また憑依、トランスなどの神秘的な現象についても、同じく理性脳の機能を一時停止した状態で、脳のより深い部分から何か（たとえば祖先からの記憶）が発現し始めることととらえることができる。そういうことを数億年の脳の進化の歴史ということからみると、納得できることがあるのではないだろうか。

　理性の動物ニンゲンも、生存のための数億年の知恵の詰まった爬虫類脳を脳の奥深く持っている。しかし巨大な理性脳（人間脳）があまりにも膨れ上がった結果、「危機に立つ肉体」の危機に際しての緊急発動がさびついている。新皮質前頭葉の思考・判断機能を一時ストップして、爬虫類の古い脳の声を聞いてみよう。旧皮質の下等哺乳類脳（情動脳）を使って情動を一気に、たとえば昼寝を襲われた猫が一気にフーッと背を膨らませ牙をむくような、そんなカラダごとの直

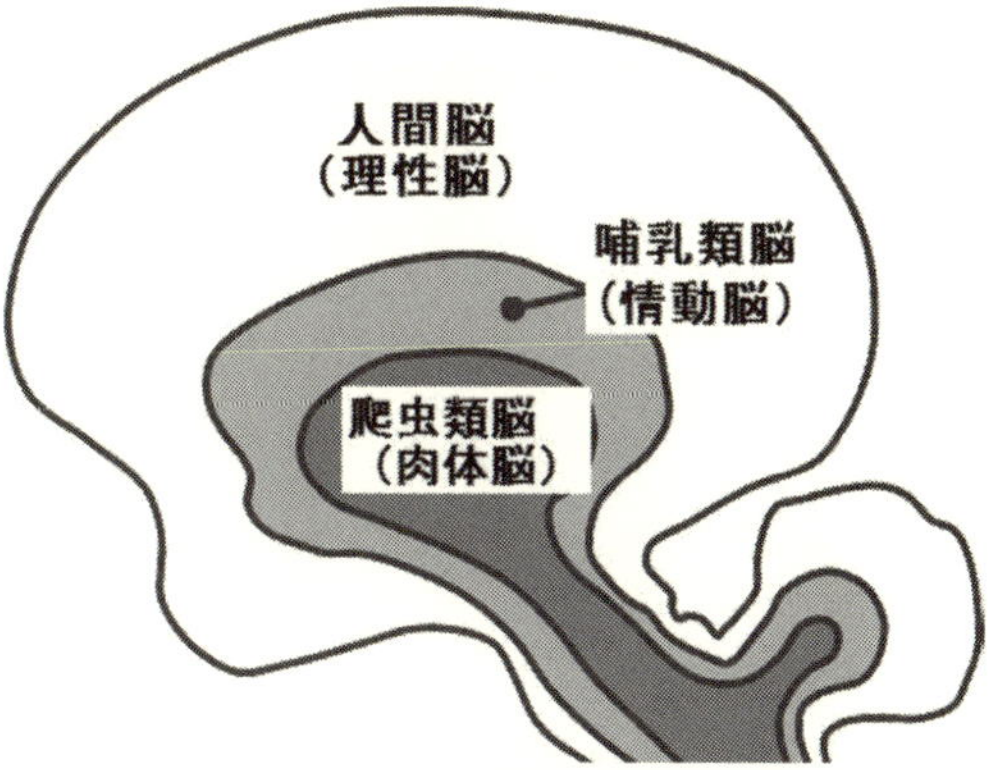

三層脳

接情動反応を回復しよう、という角度から舞踏を見てみようというのである。すると、「生き生きしていた古代」から生の積み重ねとして、「死者の恩恵」、「突っ立った死体」などの難解と思われ、時に真反対なほどの誤解・曲解を受け続けてきた言葉も自明のように解けてくる。

あらためて言おう。「肉体の叛乱とは理性支配の人間社会に対する肉体の叛乱」である。そして、「舞踏体とはカラダの超日常的状態である」と。「知る者は言わず、言うものは知らず」という言葉がある。カラダの闇である舞踏は理性の言葉では説明できない。舞踏はいつまでも大きな神秘であり、どこから来るのかわからない動きや、記憶の中の人たちがやって来て、どこかわからないところに私を連れていく。人の踊りを見ても、なぜだかわからないのに感動の涙が自然に流れる。

私の舞踏の師三浦一壮は、そのまた先生であった大野一雄さんについて、「大野先生が、『三浦君、胸のところにね、こうハシゴをかけてね、その階段を降りていくんだよ』と言われただけで、なぜか知らないけどワーっと涙が出て止まらなくなった」とよく話していた。

階段を降りていくんです。花を見ていると、魂が交感し、肉体が一つになって、自分が生きていることを忘れる。死そのものの中で踊っている。あるときは死の世界で、気がつくと生の世界。死、生、死、生。

大野一雄『稽古の言葉』

二〇歳の私がさまざまな世間的な保障を捨てても飛び込みたかったのは、そういう赤ん坊のようにわけのわからない、魂の命がけの交感の世界である。

こんな魂の世界を、伝達物質だの爬虫類脳だのという言葉で切るのか。そういう抗議の声が聞こえてきそうだが、これからそういう一見味気ない言葉で検討する。メスカリン、シャーマン、巫女なども、まさに「魂の世界」そのものの話だ。ハックスレーのメスカリン体験は神の顕現、シャーマンや巫女などは神の降臨する世界である。それらを舞踏体理解のために引き合いに出す理由は、その極端な状態が、私自身が舞踏するときの経験をうまく説明してくれて、創始者によって描かれる舞踏体にラディカルに光を当ててくれるからである。事実、土方巽は長い断食もしており、「俺は母乳に（だったか、爪の間にだったか忘れた）メスカリンを混ぜて飲んできた」というようなことを（レトリックにせよ）言っていたと聞いた。舞踏の発生に大きな影響を与えたアルトーの革命的演劇論、憑依の演劇も、メキシコでのペヨーテ（メスカリンを含む）の体験が大きな意味を持っている。メスカリンやトランスなどで起こるのは、大脳新皮質の前頭葉からもたらされる、いわゆる理性の停止もしくは極端な減少である。先に少し触れたように、「真の闇のなかは光でいっぱい」という土方の言葉の示す「非理性の光」が舞踏の神髄であるとすれば、まず非理性の状態そのものを探らなければならないだろう。

## ハックスレーのメスカリン体験

イギリス人の小説家、オルダス・ハックスレーは、幻覚剤メスカリン服用の体験を『知覚の扉』（一九五四年、今村光一訳、河出書房新社、一九七六年）という本に記している。幻覚剤は現実逃避のトリップに使われがちだが、『知覚の扉』という題が示す通り、彼の関心は内的な空想やトリップではなく、目の前の客観的外界がどう見えるか、その「知覚の変容」を科学者の目で記すことにあった。メスカリンを服用してしばらくすると見ていた花が変容を遂げる。

あるがままの花の存在そのもの…それは無常でありながら永遠の生命であるような無常、絶えざる消滅でありながら同時に純粋な〈存在〉であるような消滅、個々別々のものでありながら…全実在の聖なる源泉を見ることが出来るもの

翻訳の日本語はわかりづらいが、「花の中に、一瞬一瞬変化し消えつつも永遠である命、純粋存在があらわれた。個々の花の中に全存在が具現化されている」ということだろう。純粋存在の輝きに直に触れるような瞬間はメスカリンだけのものではない。宗教的至福とか禅の悟りがすぐに思い浮かぶ。ハックスレー自身、メスカリン体験は宗教家が「神の示現」と呼ぶ状態を一気に理解させ、鈴木大拙

から学んだ禅の公案についても、「陽の光を見るように」明晰にわかったと記している。脳科学がいまほど発達していない一九五〇年当時ではあるが、ハックスレーは生物学者としての科学的精神をもって、次のような趣旨の説明を与えている。

人間は本来宇宙の全てを知覚し記憶する〈偏在精神〉を持っているが、その膨大な量の知覚や記憶が一挙に入ってきては押しつぶされてしまう。そこで〈偏在精神〉は脳及び神経系の〈減量バルブ〉を通らなければならない。

「減量バルブ」は変な言葉で、排水管工事かなんかを思わせて楽しくないのであるが、彼の出会った世界は素晴らしく楽しいものであっただろう。まずは「サイケデリック」という言葉を思い出そう。そして七色にかがやく色の奔流にひたってみよう。ハックスレーの描いた偏在精神のあふれる状態は、後に「サイケデリック・アート」を出現させ、知覚の扉の原題“The Doors of Perception”からジム・モリソンのロックグループはザ・ドアーズと命名された。

何も拘束がなくなってどんどん溢れていくその七色は、もともと世界に充ちていたのだ。ちょっとバルブ（制約）を開けてやりさえすれば、その数知れぬ星のように豊かな色や形が流れ出す。その神々しい世界はすでにそこにあった。それを見えなくしている減量バルブの最たるものは「言語」である。言語という表象の操作、概念による思考。言葉のレッテルを貼ってしまったとたんに、それは生きたものの表象（代替品）にすぎなくなる。ハックスレーいわく、「私たちは宇宙全体に共鳴している豊かな〈偏在精神〉の大部分を理性や概念（筆者注：コトバ）の作用によって切り捨てて生きている」。だとしたらもったいない話である。

ところでメスカリンは脳科学的にはどう作用したのか。脳が働くためには糖が必要なのだが、メスカリンは脳細胞へのグルコース供給酵素の生産を抑制する。それで脳が機能しなくなるので概念（コトバ）のバルブを通すことなく、豊かな〈偏在精神〉がそのすべての輝きを現すという説明である。つまりグルコース不足で理性の監視がヘタっている間にどんどんサイケデリックの国境を越えよう、というイメージである。七〇年近くも前にハックスレーによって与えられた説明は、現代から見れば、確かに大雑把である。しかし「理性的概念（言葉）が、生き生きとした原初の命の輝き、全存在（神）の顕現のように豊かな世界をストップしている」という指摘は、ズバリ舞踏の核心にジャストミートするものとして注目したい。現在の脳科学ではより詳細な研究がなされている。

ＮＨＫが養老孟司監修のもとに制作した「驚異の小宇宙　人体シリーズ第6集─果てしなき脳宇宙」（ＮＨＫスペシャル、一九八九年）は、沖縄のユタ、断食行の修験僧、メキシコのシャーマンなどの世界に、粘り強い撮影、脳神経学者による調査、ＣＧ駆使の視覚化などを総合して挑んだ傑作である。ハックスレーの減量バルブに代わって、番組では発生的に古い原始的な脳、すなわち爬虫類脳、および大脳基底核などの「大脳辺縁系」に注目する。たとえば知覚に関して、視床は外界からの情報の洪水のような流入を防ぐ「関所」のような役割を果たす。「ハイ、並んで一つずつ」と一瞬につき一つずつ通す仕組みである。その視床の管制塔に当たるのは前頭葉で、「その情報通してヨシ・ダメ」と統制したり認識したりする。

日常の社会生活ではそんなにサイケデリックに暮らすわけにはいかないから、統制のとれた感覚・思考・行動などを限定的に通す。ところがその仕組みが緩んで幻覚がとめどなく流れ出すときがある。たとえば断食行の行者は、何日か目に幻覚が見えるのだが、セロトニン受容体の増加が確認され、前頭葉からの視床へのフィードバックが途絶えたと説明される。

つまり管制塔の指示がなくなって、早く言えば「何でもあり」状態、関所（視床）はフリーパスとなり幻覚が現れたのである。幻覚キノコのシロシベの場合も、その分子構造がセロトニンと似ていて受容体にくっつき、やはり前頭葉の管制塔が機能しなくなる。大いに酔って気が大きくなり、「何でもあり」になったときや、サイケデリックの奔流を考えれば少し想像がつく。シャーマンで絵描きのペルー人の描いた絵には、普通では見えない波動が世界中に色美しく充ちている。木も動物もしゃべっているし、生まれる前の人も後の人もさまざまな次元を歩いている。そんな絵を見ると、「理性の制約」を超えた向こうにある何百倍も豊かな世界に憧れる。

番組ではＣＧを使って、「前頭葉からの理性の指令がストップして幻覚が視床に流れ込む様子」をうまく示していた。それを見たとき私はすぐさま「ワッ舞踏だ」と思った。幻覚という言葉を「先祖からの記憶」や「憑依」という言葉に置き換え、そして前頭葉からの統制のストップを「トランス」や「空っぽ」という言葉に置き換えると、土方巽の複雑な言語群がすらすらわかったのである。以後、土方巽全集を購入したものの難しくて読破は断念した、というような人たちにそういう説明をしたところ、いままで不明だった部分がすっきりわかったという反応をしばしば得るようになった。

## 舞踏体理解のための図

いま述べたようなことを簡単にシェーマ化すると、次のような図になる。メスカリン、断食行、幻覚キノコなどで見られた変化とは、×↓で示したように、視床を含む爬虫類脳に指令を出す前頭葉からの理性的判断が停止し、関所（視床）はフリーパスとなる。すると○↓で示したように、幻覚や古い記憶などが流入するのである。舞踏に関してはそれだけでなく、爬虫類脳自体、つまり動物的反応の活性化ということも含めて考える。このシェーマを舞踏体理解の一つのヒントとして頭の片隅に置いてこの先を読み進んでいただくと、ありがたい。このシェーマが舞踏の全容を語るわけではないのは当たり前だが、最低限の理解や大きな誤解に陥らないための「消極的な防波堤」として参考にはなると思う。

たとえば土方の文章「遊びのレトリック」に、「脆さ」や「人間以下のモノ」になるというような文章がある。これをいわゆる弱さやネガティブな意味での（人間）以下、ととらえると誤解が生じる。私のシェーマでは、人間以下というのは人間より古い脳すなわち辺縁系や爬虫類脳に依拠することであり、それはまったくネガティブな意味合いがないばかりか、逆に土方の求める「根源的な力」のありかに相当する……というふうにこの図を使っていただきたい。

私はすでに舞踏の諸相の主な部分を以下のように整理した。

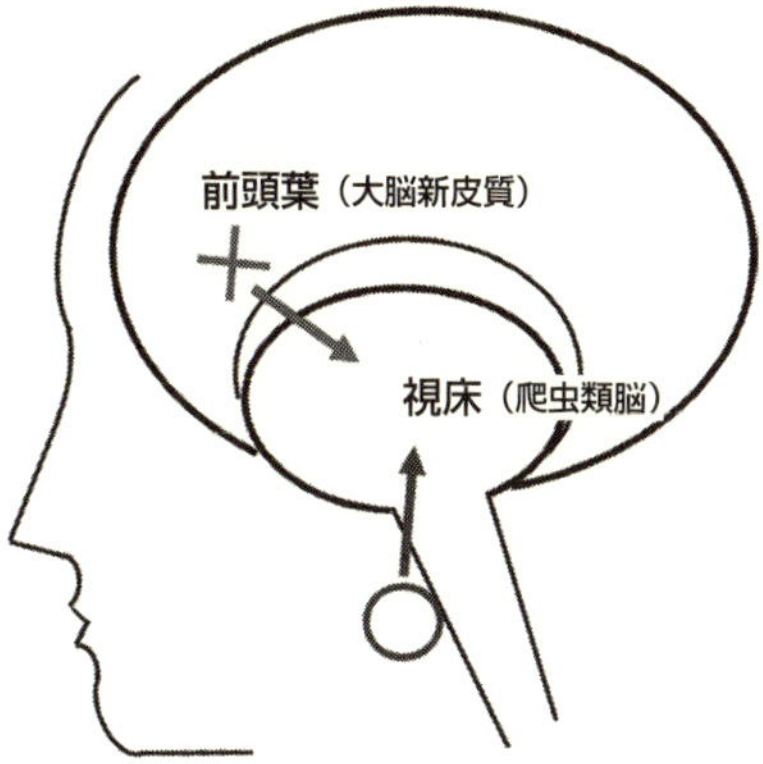


舞踏体理解に通じる脳の機能のシェーマ
×→：前頭葉の統制が減少あるいは停止
○→：爬虫類脳の活性化と幻覚や古い記憶の流入

一　暗黒をめぐる諸相「暗黒、闇は光でいっぱい」など

二　死体や死者をめぐる諸相「突っ立った死体、古代的感受性の現代的再生、魚の体験、死者の恩恵」など

三　空虚、からっぽをめぐる諸相「空虚のように生きき生きとして、からっぽのたえざる入れ替え」など

四　速さをめぐる諸相「躓いて転ぶ間に、脈絡のない身体、息つく間もなく」など

五　自己をめぐる諸相「私は自分が自分であったこと

はない、自分なんか振りまわしているダンサーは人形に負ける」など
六　管理社会をめぐる諸相「はぐれる、飼いならされる、子ども」など
七　美や精緻をめぐる諸相「憧れ、精緻、ハプニングは嫌い」
八　形式・自明性をめぐる諸相「一挙にわかるものがあるはず、即興性と形式の結合」など

そしてこれらは仮に分けて整理しただけであって、実はこれらの総体を結びつけて理解するための中心概念が必要だとも書いた。先のシェーマを頭の片隅に置きながら、これらの諸相を考えていきたい。

舞踏に関する誤解についても、あらためてもう一度まとめておくと、美／醜、形式／不定形、速さ／不動や微動、外への拡散／内的強度、観客と共に／自分の感覚重視などの対の後者を舞踏は重視している、というものであった。

## 舞踏の諸相一　暗黒

まずは私が舞踏の神髄と思っている「俺の無知にはかなうまい。永遠の昼間。真の闇は光でいっぱい」をシェーマから見てみよう。シェーマ上で「無知（非理性）」を×↓が機能しなくなって◯↓が自由に羽ばたく状態。そこに舞踏独特の「ひかり」すなわち先祖の記憶・憑依・創造がある、と考え

ると簡単に理解できる。

第一章で、すでにこの文章を、「おれの非理性は超人のように強い。永遠の真昼の影なき生の充溢だ。真の非理性は無垢の生成の力で輝いている」と読み替えてみた。カラダという非理性の闇、そこに土方は降りていった。闇を食って踊った。そのとき「闇」に、キリスト教的な善悪の尾ひれをつけてはいけない。それはただ理性の言葉の世界で割り切る以前の「不分明のカオス」というだけのことである。その世界には無垢の生成の力と輝きがある。

「永遠の昼間」は土方一流の敬意とユーモアによるニーチェの「永遠の真昼」のもじりと取れ、『肉体の叛乱』での誇大妄想の太陽神ヘリオガバルスの印象、「命がけで屹立する」、「直線的上昇」などいくつかの土方の言葉は、ニーチェのことをずっと思わせた。ニーチェはアポロ的な理論と中庸に対して、ディオニュソス的なものに同一化する。ディオニュソスは中庸や調和を超えた過度であり、酒と快楽であり、また特定の民族、文化などの「閾」を乗り越えるもの、「変身する」もの、規制を外れるもの、土方の言葉で言えば「飼いならされない」ものである。そして、ニーチェの子どもを最上位とする純なる生成の力の希求は驚くほど舞踏のそれと響きあっている。

小児は無垢である。忘却である。新しい開始、遊戯、おのれの力で回る車輪、資源の運動、「然り」という聖なる発語である。そうだ、わたしの兄弟たちよ。創造という遊戯のために「然り」と

いう聖なる発語が必要なのだ

笑いによって、さあ、この重さの霊を殺そうではないか。（中略）いま私は飛ぶ。いま私を通じて一人の神が舞い踊っている。

ニーチェ『ツァラトゥストラⅠ』手塚富雄訳

## 無垢の原石

子どもに無垢な生成の力が最も露わだ、と聞くと、私の連想はさらに次のような「無垢なもの」の姿に飛んでいく。アール・ブリュット（「アウトサイダーアート」、「生の芸術」）の中のいくつかの作品や、一般にコミュニケーション障害とか精神障害、あるいは知的障害と呼ばれる人たちの作品である。

草間彌生の作品の前に立つと、その偏執的に増殖するエネルギーに圧倒される。一〇年以上前になるが、草間彌生のパフォーマンスをパリで見た。足が不自由であったが、両脇を白い服のフランスの少女に支えられて、草間自身も少女のようであった。山下清の貼絵。彼には花火の一つひとつの光が見えるのだ、しだれ菊の精が見えるのだと思った。ある禅の修行僧が、大接心（座禅修行）の後、外に出て見たら、すべてが印象画の点描画のように一点一点見えたと話してくれたことを思い出した。

最近、あるところで、ダウン症の書家金澤翔子の書の前に立つ機会があった。彼女のものと知らずに、自然に私はカラダがマヒしたように動かなくなった。名状しがたい感動。「無垢な原石の輝きと力」が、我々の忘れかけている深い記憶に直に訴える。そんな「一心」になりたい。私は彼らがうらやましい、理性の曇りのない澄み切った青空……。私は舞踏を通じて「非理性の世界の美しさ、豊かさ」に少しでも近づきたいと願う。

## 舞踏の諸相二　死体や死者

### 突っ立った死体

精神が「自然」の内部に悪霊を見出すほどに生き生きとしていた時代の古代的感受性の現代的再生

古代地層と葉脈をすかして目に見える道と記憶の次元にうっすら印画される古代の道とゆきつけぬ黄泉の道のおぼろの複合体。

「未発表草稿」『土方巽全集Ⅱ』河出書房新社

自然の声を生き生きと聞きとる古代的感受性。私はケルト遺跡の残るフランス南部、セヴェンヌ山地のあたりでよくワークショップをしてきた。そのまわりで儀式を行ったと言われる巨石が点在する。地のエネルギーを感知して、その巨石は断層面に沿って点在する。人身御供まで供えたと言われる神とのリアルなやり取り、冬至や夏至を中心とした星の運行とともに生活し、森の恵みとともに生きていたケルトの人々。そのうちの薬草などに通じた女性たちは、後の魔女のイメージに変色された。「自然の内部に悪霊を見出すほどに生き生きとしていた古代」と聞くと私はケルトを思い出す。また縄文の炎、呪詛的な力強さを持った文様を思う。そしてそのような「生き生きとしていた古代」との関係で、有名な「突っ立った死体」のフレーズもとらえられなければならない。

「突っ立った死体」ほど曲解されたフレーズはない、と私はよく思う。この「死体」とは「生き生きした古代」的な力や、先祖から脈々と続く命に支えられた憑依の力のことを言うのであるが、「死体」という言葉への通俗的、短絡的反応から、まったく逆の「死体っぽいマネ」、「オドロオドロシイゾンビ」に傾斜しつつあるように思う。そこまでいかないとしても、「死体」をすぐに大いなる「生の積み重ね」や「死者の恩恵」（大野一雄）に結びつける人は少ないのではないか。ちょっと、前のシェーマを見て、「死体」とは自我意識を持った大脳皮質的意識（×↓）を止めたときに、無意識のうちにしまい込まれていた記憶が立ち上がる（○↓）ときのことだ、とすると、大きな誤解に落ち込まずにすむ。

億単位の、天地創造の初めから現在に至るまで人間のあらゆる体験。魚の体験があるし、植物の体験があるし、両棲動物、空を飛ばんばかりの気持ちで、お母さんのおなかの中で生きている。刻々と変化して、無限にあるんです。

土方さんが「舞踏とは命がけで突っ立っている死体である」、こう言った。（中略）天地の初めから現在にいたるまで、先人が死んで、魂に刻みこんで、外側から、宇宙の側から刻み込んで、そういう長い億単位という年月のなかで、想像力というものが積み重ねのなかで生まれた。たくさんの積み重ね。

私は自分の魂を含め、死者の魂のなかで成長する。自分のなか、死者の魂のなか、魂のなかの死者。そういう重なりの中で成長する。そういう中で成長する知識が生きて使われるというのは、死者の恩恵であるとか、我々の想像力、魂、全部の中で知識が成長するんだ。

大野一雄『稽古の言葉』、傍点筆者

死者の魂は刻々と変化する「無限の想像力」のもとであり、また自分を成長させる「豊かな糧」である。大野一雄が魚、鳥、ケモノという進化のうちにしまい込まれてきた記憶とし、「死者の恩恵」

とまで呼んでいることを記憶に焼き付けて、妙な死体ぶりに落ち込まないようにしたい。自分の体は一つであるが、それを支える先祖たちは何万といて、それが舞踏に「無限の力」を与える。そこで要求されることは、「自分自身の自我は無になっている」ことだ。そうでなければ死者が憑依するスペースがないことになる。

どうにもならない自分を放り出して、なるがままになれ（中略）そうしなければ命が手出しをすることができない。

大野一雄『稽古の言葉』

自分なんか振りかざしているダンサーは人形にだって負けますよ（中略）第一私は自分が自分であったことがない。

「澁澤龍彦との対談」『土方巽全集Ⅱ』

このような完全な空っぽ、あるいは無機的なモノになることから「死体」をとらえることが必要だろう。どうしても「死体」という言葉からゾンビっぽいイメージに引きずられがちなのであれば、誤解を避けるため、「石になる」という訓練をしたほうが、さらに「元気なピノキオ」とか「滑稽なヒョットコ」になりきったほうが、自我にまみれたまま死体っぽいことをやるより、ずっと本来の意味での「死体」だろう。

次のワザオギの説明で見てゆくように、演じることと踊ることは古来憑依であった。自分の体に込められた何万の死者たちの命を背負って、舞踏家は起き上がり、「命がけで突っ立つ」のである。オドロオドロシク死体っぽく立たなくても、舞姫になったり、ピノキオになったりして立つのである。

## ワザオギ—「共同体」の祭りと呪術

映像で見た、諏訪の勇壮な「御柱祭り」の命がけの男たちの姿は目に焼きついている。海外にも、町に闘牛を放つ祭もあるし、火の上を走るディオニュソス祭もある。リオのカーニバルなども、終わってみると数人の遺体が発見されるほどの狂乱の数日だと聞く。かつての共同体では、祭やカーニバルにおいて、トランス、狂乱、命がけの儀式など、理性を超えた情動を開放する仕組みが備わっていた。それは先祖の霊、トーテム、神などと結びつく場でもあった。

有名な天岩戸の前のアメノウズメの踊りを、民族芸能の研究者三隅治雄は「ワザオギ」の儀式であるとして以下のように説明している。まず三隅は、「わが国の民俗芸能は、村々で、守り神あるいは厄神などを迎えてもてなす、季節の折々に催す祭りを母胎に誕生したが、その柱となるのは、一一世紀から一三世紀かけて進化を遂げた①神楽芸②田楽芸③風流芸である」としたうえで、①の神楽芸であるアメノウズメノミコトの踊りに、「ワザオギ」つまり憑依現象に始まる芸能の発生が見られるという。以下に要旨をまとめてみる。

—神楽芸

神楽という言葉は神霊の宿る座、神座《かむくら》から出た。巫者《ふしゃ》が神招《かみおぎ》きの呪禱を行うにあたり、神の依る座である。神座は樹木・岩石のような自然物も、御幣《みてぐら》・柱などの作り物もある。それを据えたり手に持ったりして（採り物）、巫者が旋回・跳躍・足踏みを繰り返すと、神霊が神座に依り、さらに巫者の体にのり移り、神の意思を巫者の体と口を通じて人々に示した。いわゆる神憑りであり、神に変身して示す神業・託宣である。これがやがて様式化して神楽という芸能に結晶した。

もっともよく見られる天岩戸神楽は、「古事記」に記された天照大神が天岩戸に籠られたときに、アメノウズメノミコトの踊りが、笹を採り物としてウケフネ（宇気槽）を踏みとどろかして（空洞の桶を踏み鳴らすと、中に宿る神霊が躍動する）神憑りの踊りをしたことによる。

—タマフリ

神懸りした状態から、さらにその魂を天岩戸に籠られた天照大神のお体に祝い込めようとした。神から授かる強力な魂を迎え、また祝い込める鎮魂の儀式で、古くはタマフリと称した。魂の力が衰える冬至のころに、神の力を分けていただき、力を新たにするのが鎮魂祭である。アメノウズメノミコトは巫者の氏族猿氏《さるめ》に属する巫女で、「神憑りの踊り」は宮廷の鎮魂祭で天皇のために行ったタマフリの呪術。神憑りの後に巫者はきまって託宣を行っている。

―ワザオギ

アメノウズメノミコトはワザオギをしたという記述がある。ワザオギは俳優と書くが、神を招く（オグ）呪術（ワザ）の意のオギワザの転倒したものである。

三隅氏の文章が展開する壮大なワザオギの世界を背景として、もう一度、これまで問うてきた舞踏や演劇の意味を考えたいと思う。ワザオギという神に憑かれた踊りが、本来の踊りの根源としてある。そのことを私は世界の色々なところで感じる。ギリシャの古代劇場で海風を受けながら、私は「ああ、ここで」という感慨を持つ。神の言葉を伝える「ドラマ」が演じられたところだ。岡山県総社市《そうじゃ》には大和朝廷よりも古いと言われる吉備文化時代の古墳群跡がある。そこを歩いても「ああ、ここで」と思う。

俳優といういまはハイユウと発音して使われている言葉。かつては俳優と書いてワザオギと読んだ。俳優すなわち神を招く呪術であるとは！「悪霊を見出すほど生き生きとしていた時代の古代的感受性」を土方巽は求めた。「失われた共同体のトランスによる聖なる演劇」をグロトフスキーは役者に要求した。無名塾の宮崎恭子は「変身といのちの伝達」を塾生に説いた。鈴木忠志は「御霊《ごりょう》さん」を呼ぶことを言っていた。これらの言葉はみんなつまるところワザオギの道につながっている。

## 超意識のトランス

いまでも神社には能楽堂が見受けられるが、その起源は共同体の奉納演劇の儀式の場であった。さらにおもしろいのは、能の初期の形態は、役者が観客に背を向けて演じられていたという報告だ。つまり役者は「共同体の代表」として神に演劇を奉納していることがより顕著な形があったのだ。ワクワクする話だ。

ワザオギは、土方が自分は無神論だと言い、グロトフスキーが「神の冒瀆」を語っていたことと矛盾することではない。天皇家の神やキリスト教の神よりももっと大きな意味で、演じるとは、踊るとは、無の体が自分を超えた力を招き入れる（オグ）状態だということであり、それは日常的に宗教的共同体が存在しなくなったいまだからこそ、さらに絶望的に求められているのだろう。ただし注意したいのは、演劇や舞踏の憑依は特殊な覚醒的憑依、芸術的憑依であるということだ。アフリカの女性たちのトランスを見たことがあるが、彼女らはその間のことをまったく覚えていない。舞踏ではそういうものとは違う種類の「非理性でありながら超覚醒」であるような特殊な状態になっている。

それについても私のシェーマは役に立つと思う。覚醒的憑依では、前頭葉的理性の統御は止まっているのだが、爬虫類脳の機能やそこに自由に流れ込む記憶や幻覚の量はどんどん増大している。いわゆるアッチの世界にイってはいるが、何かがそれを正確にとらえている不思議な超覚醒状態である。私にも経験があるが、普段以上に覚めてすべてがよく見え（実際瞳孔が開いている）、よく聞こえている。一瞬一瞬時間が止まりながらものすごい速さで動いていくように思え、次にやるべきことが明確にわかる。のるかそるかの「超覚醒」の一騎打ちであり、それが「躓いて転ぶあいだに花になる」、「息のむ間もなく――私たちの舞姫は存在している」（土方巽『病める舞姫』）ように、一瞬にして「美しく正しい形」をつかみ取ろうとする。アブクを吹いてぶっ倒れて何も覚えていないトランスとは異質の創造的・超覚醒的な憑依であることに注意したい。

しかし実は、その両者の違いはとても薄い氷のような違いであり、とても稀なる出来事なのだと思う。舞踏の先人たちも、「非理性でありながら超覚醒」の稀なる状態のために格闘し、それを巧みに書き残したり言い残したりしている。

踊りの世界は狂気の世界だよ。狂気の世界にありながら、なおかつ冷めた思いが、理性が働くでしょう。（中略）狂気そのもののあなたを理性を持っている人間が命が、切なる願いを持って支えているのかもしれない。

大野一雄『稽古の言葉』

彼女（注：イサドラ・ダンカン）の舞踊における即興性とは、形式を瞬間的に創造破壊し得る、という意味における即興性である。これ程、完ぺきな形式があるだろうか。イサドラの舞踊は即興性と形式が結合した、そのような生きた形式の瞬間の連続である。

笠井叡『未来の舞踊』

こうした舞踏創始者の言葉を読むにつけ、私がいつも驚き感心するのは、どちらか一方だけに落ち込まない両義性についてである。つまり理性と非理性、あるいは自由（即興）と形式、という、とかく二律背反として安易にどちらかを選択して落ち着きたいという理性の性質とは違い、どちらにも落ち込まず、まさにその二つが同時に存在する「稀なる場所」が舞踏だと示していることである。大野の言う「狂気を冷めた思いが支える」という言葉も、笠井の言う「即興でありながら完全な形式」の状態も、「非理性の憑依状態でありつつ同時に超覚醒」という状態のことであろう。

## 遊びのレトリック

土方巽の『美貌の青空』の中の「遊びのレトリック」は、ダンサーにとってほとんど具体的な踊り方指南と言ってよいほどの、まことに貴重な宝庫として大切にしている。それを少し長く引用しながら読みときのようなことをやってみたい。引用には、混乱を避けるためA、B、Cと記号をつける。

A

脆さは、適合性の妖精である。脆さの精素を用いて遊ぶ舞踏には、人間であることを忘れるという刺激が、人間以下のものに好意を寄せる状態を導き出してくる。非人間的な力、人間以下の力の所有が、無生物の心理を摘出したりする辛辣な情緒に行きついたりする。重要な点は、この力の持ち主が人間の身体であるという注目においてである。この状態は憑依状態にまで発展するが、その運動の渦中において、この力の持ち主は、憑依状態にありながらも疲労と距離の関連を手放さず、諸事物との距離を消す戯れを隠している。舞踏者は願望が動作に直結している動物（鶴、狸、獅子、梟、禿げ鷹、その他様々の家畜類）の力を借りたり、未だ摘発されないで眠っている子どもの単独な驚異を透視したりする。

「脆さ」という言葉を、一般通念に従って不用意に無力やはかなさと結びつけてはいけない。「人間以下」も「以下」の一般的な響きにつられてネガティブなものを想像してはいけない。それどころか初めの一行が示すように、舞踏はそもそも「脆さ」という、人間であることを忘れる状態から出発する遊びである。「人間以下」つまり動物のアッという間の反応や、子どもの「無生物」につながるアニミズムの世界こそ、舞踏がくみ取るべき豊かな源泉なのである。

「無生物の心理を摘出する辛辣な情緒」とは、『病める舞姫』の冒頭で少年土方が「鉛の玉や紐も動き出す」と目を光らせる、そのアニミズムの豊かな世界である。そういう状態は時として憑依状態にまで進展する。距離がないような（つまり「モノになりきった」）戯れを隠し持っている。そういう「なり切り」のためには舞踏者は願望と動作の間に壁のない、つまりこうだと思ったらもうそうなっているような動物や子どもの「直接性」をお手本にする。

引用Aは、このように解釈できると思う。さらにここで私のシェーマを参照することも助けになると思うが、土方の「人間以下」は、人間的思考（大脳新皮質的×↓）が、動物の場合はもともとないし、子どもの場合も大人の論理思考に達していない。そのような動物、および子どものアニミズム心性と対照させ、さらにそれより古い脳（爬虫類脳○↓）の根源的で本能的な機能に依拠せよという提起として読めば、引用Aの後半の「願望が動作に直結している動物の力を借りたり（中略）子どもの単独な脅威を透視したりする」へと、まったく自然につながる。

「動物の力を借りたり」というのは、もちろん動物のふりをしたりすることなどではなく古い本能的な部分（○↓）を働かせる、ということである。その重要性は、「動物（鶴、狸、獅子、梟、禿げ鷹、その他様々の家畜類）の力を借りたり」と、わざわざ個々の動物の名前をあげてまで、「願望が動作に直結している」動物を示していることにも表れている。それを書いているときにそれぞれの動物に、その機能に同一化している。つまりは書きながら舞踏しているのであろう。

B

舞踏のルールに於いては、故意の偽りそれ自体が偽られている状態の力によって、本物の姿となっているという指摘よりも、この緊密な力関係は模擬がもつ存在に余地を与えない程、頑なではない。脆さは絶えず変動するのだ。舞踏は心易い神様や精神のガラクタ置き場を好んで踊るのである。しかも一瞬の無気力状態におちいった舞踏者に、その逃避の場所を独立した形では与えない――そういう呼吸においてである。

願望がすぐ動作に直結する憑依、つまり「思ったら、もう体がそうなっている」ような動物や子どもはさらに、本物の演技かどうかなどにこだわる重さや頑なさはなくて、「いま泣いたカラスがもう笑《わろ》うたー」の子どものように自由に変幻する憑依である。だから重々しさとは反対のガラクタ置き場のようなところを踊るのだと、欺されやすい資質を重要視している。

子どもは地団太踏んで怒る。思い即カラダである。笑いや遊びにも熱心でノル気満々で待ち構えている。テレビを見ても笑えるところ、叫べるところに一番に乗る、欺されやすい、言い換えれば「よい観客」だ。猫だって目の前で何かひらひらさせてやればすぐ乗ってくる。そしてすぐ気が変わる。「ノリがいいけど、移り気なオトコだね」とまた遊んでやる。子猫のときはつまらない、たとえばボールペンのキャップを自分で投げては、それを強大な敵の如くみなして大げさに攻撃したり、逃げたり一時間でも遊んでいた。遊びは彼らにとって最も根本的な世界との関わり方なのだ。

「脆さ」が根源的な爬虫類脳の力を呼び、人間脳（大脳新皮質）的思考をカットした憑依状態を呼ぶ。この状態の入口であった「脆さ」という言葉を「弱さや無力」に結びつけない注意が必要であった。それどころかそのような通念とは反対の根源的な力に至るのである。そして欺かれやすい（ノリのいい）子どもの心のガラクタ置き場の踊りでありながら、いっぽうでは緊迫した命がけの遊びであることが、引用Bの最後の言葉である。「一瞬でも無気力状態に陥ることには『逃げ場』すら与えない」のだ。ボールペンのキャップの遊びも仮想敵国との真剣勝負である。

## 舞踏の諸相三　空っぽ、速さ

C

舞踏する器は舞踏を招き入れる器でもある。どちらにせよ、その器は絶えずからっぽの状態を保持してなければならない。過度の充足、突然の闖入は当然霊の通過現象を起す。このことによって器はあふれ出し、からっぽになり闖入物の小爆発によって抜け出たものの後に、続いて移動する。このような状態で励まされる空虚が、舞踏の律動なのである。舞踏は、からっぽの絶えざる入れ替えである。自・他がトランス状態に置いて保持されている。溢れ出したり抜け出ていったりする瞬間に、充足し闖入される。からっぽの運動それ自体が器の場所になる。溢れ出し抜け出ていったものに慰められてる状態が、舞踏の身ぶりにはしばしば起る。抜け出ていった自分は、当然、いまある自分に変容されているのだ。

傍点筆者

少しまとめると、舞踏者は「脆さ」によって理性的思考の固い枠組みを外した未分化のカオス、生物・無生物の境界も解体したアニミズムの豊かな世界に降りてゆく。それは動物や子どもの空っぽに近づいて、憑依に至る。脆さや空っぽは「無気力」につながるようなものではない、ということであった。

ところが私の経験では、「空っぽ」（フランス語でvide）と言ったとたん、ダラーッと力を抜きっぱなしになる人が大部分だ。引用Cの「励まされる空虚」も、何のことだかわからず見過ごされることが多い。しかし、まさに「無気力状態におちいった舞踏者に、その逃避の場所を与えない」と同意のこの一言こそ、舞踏の際立った特殊性であることを見逃してはならないと肝に銘じたい。

空虚のように生き生きとして（中略）私たちの舞姫は存在している。

『美貌の青空』、傍点筆者

「空虚のように生き生きとして」この美しい逆説的な表現に土方の言いたかったことが詰まっているように思われる。空っぽ、と聞いてダラーっと気を抜いてはいけないのだ。かといって意識で頑張ってもいけない。特別な空っぽ。ニーチェの言う気まぐれな子どものような、メスカリン体験者の言う「アダムの生まれた朝」のような、まあたらしい自由。自由闊達なる創造性。創造的な無。それはそんなに簡単ではない。メスカリンを服用するわけにいかないから、せめて酔ったときの感じを覚えておく。子どものわがままや、猫の真剣勝負を観察してできるだけわがものとする。もちろん舞踏の稽古は基本で、気の稽古、すり足、何時間かの踊り込みなどをする。また座禅もする。

土方が、マース・カニングハムのダンサーたちがアスベスト館を訪ねたときのことを記しているところも面白い。カニングハムのスタンスは、物語性をまったく排除した、動きだけに還元されたダンスというものであり、その点で、「土方にはいまだドラマティックなものがある」という批判の目でダンサーたちは臨んでいた。それに対し、土方は芦川を呼んで「百面相の紙芝居」をやらせた。すると彼らの批判的態度が一挙に緩んだ、というのである。

「百面相の紙芝居」などと軽く書かれた言葉の中に、人類の遠い記憶に通ずる憑依の芸（術）があったわけで、それの前には、だれしも記憶の奥底の琴線を揺さぶられたのである。またこの軽さは、「舞踏は心やすい神様や精神のガラクタ置き場を好んで踊る」に通じている。土方はこの時期すでに、孤高に自閉するグロトフスキーの終焉を予言のように語っている。私はフランスでその終焉に立ち会ってきたが、日本でこの時期にそれを見越した土方の目の正確さに驚く。「百面相の紙芝居」なども参考にいろいろやりながら、「無でありつつ超覚醒、超創造的、完全自由」という特殊な状態があらわれたときはうれしい。

引用Cで見るように、土方の空っぽが禅の空と違うところは、溢れるほど詰め込むことで空っぽにする、というところだろう。そして有名なフレーズ「空っぽのたえざる入れ替え」にいたるところでは、「普通じゃいけない、過度にやれ、まったく想定外の突然の闖入をやれ。そうしたら溢れだしていく」と追い出したところに空っぽが生まれ、またそれが埋まったら、「たえざる入れ替え」をせよと言っている。こうした「励まされた空虚」という、実際踊り手としてはまことに難しい逆説の上を綱渡りさせられるのが土方の言葉である。

## 危機に立つ肉体

ここまで「空虚」、「空っぽ」について見てきた。そのなかで「動物の身体」は一つのキーワードだったが、「危機に立つ肉体」もそこから見なくてはならないだろう。

二年間寝たきりだった人が「火事だ」の声に起き出して階段を下りて外へ逃げたとか、自分の子がひかれた車を持ち上げた母親の話など、私たちは普段せいぜい数パーセントの力しか使っていないと知らされる話は数多くある。残りの九〇数パーセントは緊急事態のときだけ動員される。火事のような危機状態で、私たちは普段のアタマ（大脳新皮質）の働きをストップさせて、緊急事態用の別の装置を作動させる。それが古い脳、爬虫類脳の機能だ。情動性自律反応によって、交感神経系の活動が高まり、心拍数やアドレナリン値などの量も一気にあがって戦闘態勢が敷かれる、むかし心理学の本の「情動」のページを開いたときに、真っ先に猫がフーッと毛を逆立てて怒っている図が目に飛び込んだ。学生時代に習ったことはほとんど忘れたが、「情動」だけはその図のおかげでしっかり覚えられた。

舞踏の有名な「危機に立つ肉体」もこのシェーマを通して、「前頭葉で考えているヒマもないような危機に際し爬虫類脳が作動する」という視点を導入してみると、それですべてが言い尽くせないにしても少なくとも大きな誤解、たとえば危機っぽいイメージをして見せるような踊りに陥ることは避けられる。危機に際しての爬虫類脳の反応とは、具体的には、「敵に襲われたときと獲物を獲るとき」のことである。つまり死ぬか生きるかの瀬戸際で、視床下部―脳下垂体の連携プレイで、あっという間にアドレナリン量、瞳孔、心拍数、血流などが変化し、全身の戦闘体制が整う作用である。だから本当に命がけなのであって、妙に深刻そうに命がけを「演じる」ことは関係ない。

歩きながら躓き転ぶ寸前にあっさり花になってしまうような、媒介のない手続きの欠けたからだ

にもなって
行為は息のむ間もなく私どもを貫通してしまう。

土方巽『病める舞姫』、傍点筆者

「転ぶあいだ」、「息のむ間もない」ほどアッという間にやってしまうのでなければ、考える動物、ニンゲンの巨大なアタマは空っぽになれない。だからまだ手続きや媒介の介入する以前のアッという間の反応をせよ、と言うのだ。伝説的な土方巽の公演『肉体の叛乱』は、見ることのできた観客だれしもが、「次の瞬間になにが起こるかわからない、まったく予測不可能なものすごい世界」だったと言う。それは爬虫類脳次元での反応の連続、あるいはまた一般には狂気とかハイとか呼ばれる極度の高揚状態であろう。脳神経学者のアントニオ・R・ダマシオは、「ある放出量の神経伝達物質により高揚感が高まり、時には過剰なまでにさまざまな連想がなされる。これは脱抑制の拡大の状態であり、その極端なものは躁状態に見られる」と言う（『生存する脳』田中三彦訳、二〇〇〇年、講談社）。理性の抑圧が取れて、別の部分で冴え（スーパーコンシャスネス）、次々と体の中から踊りが生まれるようなハイな状態である。これを読みながら、私は映像で垣間見た狂気の『肉体の叛乱』のシーンを思わずにはいられなかった。

## 不動の中の内的な速さと現象学的両義性

舞踏がこんな高揚状態ばかりとは言わないし、私自身の踊りでもじっと静止した、あるいは極めてゆっくり動くときも多くある。『疱瘡譚』（一九七二年）の土方のアリアをバックにした踊り。ほとんど寝た状態でただれた皮膚を持ちながら、半ば上半身を起こそうとしてくずおれる。動きと言ったらそれだけで、ほとんど動いていないようなときもあるが、そんなときに細かい皮膚の震えのようなものまでが伝わってきて、多くの人が涙したと伝えられている場面である。私は映像で見ただけで泣けたのだから、その場に居合わせた人たちの感動は想像に難くない。ほとんど不動のこの体になにが起こっているのか。その一つひとつの細胞の物語の深さと、空っぽの体が透明に放つなにかがあるだけであろう。

最近、日本舞踊の竹原はんの地唄舞の映像を見た。解説の渡辺保が、「ほら、いま動いてるでしょう！」と興奮気味に示すほど、ごくわずかな動きが絶え間なく続く。九〇歳を越えたはんさんは人形のように美しく、どの一瞬をとっても気の抜けたところはなく、どこから見ても絵になる舞姫である。そういうほぼ静止状態の動きというのは、何万という目が自分の体を駆け抜けるような濃密な不動である。

そもそもカラダは波動である。止まったように見える原子の中に、エレクトロンがものすごい速さで動いているような微振動が、不動に近い動きの中でも感じられる。このような濃密な不動に近い動きを支える体は、私はよく「画素数の多いカラダ」などと生徒に言ったりするが、やはり体中に張り巡らされた神経の数の問題で、一度は「危機に立つ肉体」を本当に通過する訓練をすべきだと思っている。はんさんの青竹踏みから始まる絶え間ない訓練と、三六〇度自分の姿を映し出す鏡張りの部屋での稽古は有名だった。

内向的に重い不動に閉じこもったような風景も目にすることがあるのだが、やはり「静とは動をはらみ、動は静から生まれる」という、舞踏体の秘密を知ったほうがよいのではないか。「氷のような熱さ」という笠井叡の言葉があるが、実はカラダの使い方を極めていくなかで、必然的に生まれるものであろう。その極まった形として、武道、なかでも一瞬の速さの技である居合や遠当てなどに注目したい。

湯浅康雄が武道―脳波の間人的同調として、青木宏之とその高弟岡田師範の遠当てをめぐって書いていることを、少し詳しく紹介しよう（『気とは何か』NHKブックス）。新体道の創始者青木宏之師範には、私も若いころ、毎日新体道を習ったので興味を持った。まず準備の瞑想段階ですぐに$\alpha$波が出る。ことに青木の場合は平坦脳波であり、それは熟練した気功師や武術の名人の安静時に見られる、いわば脳死に近いような形であるという。青木が背後から技をかけられる寸前、両者ともに$\beta$波が出て、ことに青木では右脳から$\beta$波が出ている。左脳は言語、理性に関わり、右脳は直観、イメージに関わるので、青木が直観的に殺気を感じていることがわかる。

その後、青木は体を交わし遠当てを行う。遠当てに際しての青木の脳波を見ると、その前後には比較的平坦な脳波が出て、遠当ての気合を発した瞬間だけ激しく動いている。またトポグラフィからは右側頭部から$\alpha$波が頭全体に広がり、また脳の深部活動を示す$\beta_1$波も脳全体に広がっていることがわかった。頭部全体に$\alpha$波が広がっているのは、禅の三昧（無我）に似た境地としている。しかし座禅の瞑想と違うところは、$\beta_1$波が広がっていること。それは古い皮質から出ており、本能や直観に関係している。一般に前頭部だけに出ることが多いが、超越瞑想というヨーガの瞑想では、瞑想がその第三段階に達すると振幅のそろったリズミカルな$\beta$波が頭全体に表れるという。

これらを考え合わせると、「激しい運動をしていながら、一種の深い瞑想に似た状態に合うものと考えられる」と湯浅は結論づける。舞踏に関しても、表面的な「動くべきか、動かざるべきか」という議論や「あんなに破壊的だった、土方が妙におとなしくなった」などと言う指摘を超えて、求められている体の位階は動物のような「静中動、動中静」であることを考えたいと思う。

日記から
・メキシコでメスカリンを含むペヨーテを摂っていた、という経験はアントナン・アルトーの演劇論にきっと決定的な何かをもたらしたに違いない。土方さんも生まれたときから母乳にメスカリンを混ぜて飲んでいたと言っているような人だから、あの舞踏があったのだ。

・パリと金沢の距離は東京と秋田より遠いから、土方さんの引き裂かれようはわかる。これは空間の距離だけじゃない。「日本の変わりよう」の距離だ。三島が自殺したほどの距離。埋められないかもしれないほどの。

## 舞踏の諸相四　管理社会

メスカリン、火事場のバカ力、断食行、どの例を取ってもそれが普通の理性の世界から見れば大変特殊な状態であることは明らかだ。ただ舞踏もハックスレーも、「そっちの方が当たり前なんですよ」と言っている。ハックスレーはメスカリン下に表れたのは、「そもそも宇宙にある豊かな偏在意識や全統治者のすがた」であり、理性（言葉）の曇りを取りさえすればそこに見えるものだという。「アダムが創造された日の朝目にしたもの……一刻一刻の、裸身の存在という奇蹟」という生まれたままの美しい原初の風景だというのである。

土方巽も、「精神が『自然』の内部に悪霊を見出すほどに生き生きとしていた時代の古代的感受性の現代的再生」とか、「自他の分化以前の沈思の出会いの関係の場へ下降せよ。人間の営みを支える力を取り返そう」（『未発表草稿』）などと、驚くほどポジティブなことを言っている。

それは、本来あるべき「当たり前」の姿を取り返そうとしているのだ。人間は数百万年前に二足歩行を始め、手が自由になったことで道具を作り、火を用いて顎の構造が変わり、しだいに巨大な大脳新皮質を発達させはじめた。それでも古代にはまだ生き生きとした自然や霊とのかかわりがあった。そういう古代的感受性をとりもどそうという提起である。

現在でも、たとえば沖縄では一般の社会生活では狂気とみなされる人々を「高生まれ」と呼んで、常人よりも大きな世界の感知能力を持って生まれ、やがてユタとなって人々の心の苦しみの治療に当たる役割を担う人として尊敬する。またメキシコではまだシャーマンが人々の病や苦しみの治療に当たる。多くはシロシベという幻覚キノコなどを服用し、その状態で患者との言葉ではない、別次元の交流の過程を通して治療が進められる。南米には死者とともに日常が進み、死者が同じテーブルにいて食事をしていると信じているような場所がある。

しかしいまや先進国では、そういうことは消えつつある。六〇年前に土方は、人々が管理社会に取り込まれ、自然とも他者とも分断されてゆく姿に、「飼いならされ」、「はぐれ」てゆく姿を見ていた。しかし昭和の風景をよく知っており、三〇年を経て平成の日本に帰ってきた私は思うのである。いまの風景を見たら、もうそんな警告を発する気もしなくなるかもしれないと。

わが国のこの数十年の管理体制の網の目の整備には驚くべきものがある。たとえば岡山県の備前焼のふるさと伊部市を訪ねたときのこと。備前焼独特の登り窯というのを見せてもらいながら、店の女主人からうかがった。最近の消防法で、窯はだんだん使えなくなっている、洗濯物にススがついたと苦情が出て、小さくなって焼いている、というのだ。「なんとなんと！」と私は驚いた。大和朝廷よりも古い吉備文化の発生時から、隣の長船の刀剣とともに備前焼は重要な産業だった。土が鉄分を多く含んだ誠によい土であったことから、刀剣も備前焼の独特な赤い色も出た。釉薬なしの焼き物が作れ、気泡を含んだその焼き肌は水もビールもご飯もおいしくする。うちでも猫がちゃんと別に水をやっているのに備前焼の花瓶から水を飲んで困る。

年に一度しか焚かない窯をススごときで制限して、どうやってこの焼き物、いや二〇〇〇年の文化を守っていくのだ。住民はこぞって窯出しを祝うべきで、ススなんかついたらはらえばいいじゃないか。昔は窯なんて平地にあった（映画『雨月物語』で見る限り）。落ち葉焚きだって童謡にも歌われるほど各家でやっていた。煙突だらけのロンドンは街全体が黒ずんでいるけど、全都市、暖房も炊事も電化することは強制していない。管理社会には歯止めがなくなっている。クリーンに、落ち度なく、そのための制約はとめどなく毎日増えている。

## 未分化の闇へ下降せよ

土方は「古代」という言葉で、自然や霊との交流が生き生きと開花していた豊かな時代を象徴させる。そして人類の進化と個人の進化の過程がパラレルにとらえられるように、子どもの中にはいまだにアニミズムが生きている。

何万年もの歴史の中で、人間ははぐれてしまった。子どもというのは、欲望がいっぱいあるし、感情だけを支えに生きているために、できるだけはぐれたものに出会おうとする。ところが大きくなるに従って、自分のはぐれているものをおろそかにして（中略）飼いならされてしまうわけですね。

「佐藤健との対談」『土方巽全集Ⅱ』

私の少年も（中略）名もない鉛の玉や紐などにスパイのような目を働かすのであった。

『病める舞姫』『土方巽全集Ⅰ』

土方はさまざまなところで子どもの情動の直接性や自他未分化に言及し、そこから離れてしまった大人の社会を「飼いならされた」と表現している。かつて学生時代、私はメルロー＝ポンティを手掛かりに、自己と他者という問題にぶつかり、その亀裂を埋める方法としてある種の合体あるいは乗っ取りしかないと思ったのであった。つまり他者の目にみずから乗り込むことで、他者から見られる客体としての私は、もはや受動的な被害者ではなくなる。他者も自分も超えた大きな目を通して、日常を超えた世界に遊べる。おそらくは無意識のうちにそういう道に進んでいた。数十年が経って、土方の自他未分化についての文章を、ハッとする思いで読んだ。

未分化な根源の間—間ぐされ、（中略）あるがままの構造を直視せよ。解体、還元せよ。「反省意識」——「原意識」。自他の分化以前の沈思の出会いの関係の場へ下降せよ。人間の営みを支える力を取り返そう。

「未発表草稿」『土方巽全集Ⅱ』

未分化は混沌・原初・無知（非理性）に通じている。それがいつしか自分は鏡に映るような客体としての体をもって外から見られ得るものであることを知り、自分と他者の間を分け始める。「鏡像現象」と呼ばれる出来事だ。そして一貫性のある「一個の人格」と呼ばれるものになっていく。それが教育であり社会化、人格形成であり、要するに一人前の人間になることであるとする社会通念。それを土方は真っ向からひっくり返せと言う。解体せよ。還元せよ。反省なき「原意識」に帰れと言う。そうだ、初めから悩む必要なんかなかったんだ。自他未分化の混沌がいいのだ。大野一雄は「お母さんのおなかの中」、すなわち何の制約もなく何の反省意識もない状態。それが舞踏の狂気だという。舞踏は、「世界から分裂した人間よ。もう一度混沌で未分化な原意識を取り戻せ」というのだ。そうやって、「人間の営みを支える力を取り戻そう」なんてすごくポジティブで健全なことを舞踏の創始者が言っていたとは、「暗黒」という言葉の先入観からは想像しにくいのではないか。私自身この労働運動のプラカードに書かれたような文章を読んだときはびっくりした。

私は土方のこれらの文章に出会う前に、すでにフランスで書いた日記に、「混沌よ、オマエと抱き合って泣こう」と書いていた。書きながら、限りなく「未分化」の闇に潜り込もうとしていた。学生時代まで信じていた（あるいは信じ込まされていた）知の世界から少しづつ遠ざかり対岸へ、混沌へ、野生への旅を続けていた。

## 舞踏の諸相五　美と形式

ウィキペディアの説明でもそうであったが、一般的に「舞踏は美よりもむしろ醜を求め、形式は無視して情念を重視する」などと思われているとしたらとても残念な誤解である。あらためて言いたい。「舞踏は美、精緻、優雅、正確さを求める」と。

俺はこんなに美しい。あなたは美しい。こんな美しさは見たことがない。見たことがないような美しさだった。生きてる人間が冥府に下ってつぶさに冥府を見ることができた。音が聞こえないのに、あなたにとって音が聞こえないのに音楽があった。音があった。匂いもあった。

花を見て美しいと思う。そうすると、階段を降りていくんです。死の世界へと。花の世界は死の世界だ。花を見ていると、魂が交感し、肉体が一つになって、自分が生きていることを忘れる。

大野一雄『稽古の言葉』

美しさや花は大野一雄の舞踏の根幹にある。それは一般的に言われる美しさとは違う層を通り抜けた美しさである。土方の『病める舞姫』の原点も絶望的な憧憬の対象としての姫君であった。

甘い懐かしい、絶望的な憧憬（中略）姫君に近づき彼女と舞踏する決心をし（中略）姫君は、手には包丁を持っている。ところがそれもつかの間で

『病める舞姫』『土方巽全集Ⅰ』

『病める舞姫』の核心部分だ。そもそも私たちは何に導かれて踊るのか。甘い懐かしい、絶望的な憧憬の対象である姫君こそ、私たちを突き動かし舞踏させる原点。しかしそこには停滞も固着もない。包丁も持っていれば、「息のむ間もなく」シュルレアリスムの手法に沿って変幻する舞姫がいる。多くの誤解とは裏腹に「美しさ」の追求は厳然と舞踏の中にあるし、同時に「精緻さ」や「形式」についても一瞬の鋭い目がそれを摑む。再び引くが、笠井叡は、イサドラ・ダンカンの即興舞踊について

述べるなかで、「即興ほど完全な形式があるだろうか」という誠に澄明な一文を書いている。

（イサドラの）即興舞踊の瞬間瞬間はまさに音楽を生きた形式として顕現したのであり、彼女の即興性とは、形式を瞬間的に創造破壊し得る、という意味における即興性である。
イサドラの舞踊は即興性と形式が結合した、生きた形式の瞬間の連続である。

笠井叡『未来の舞踊』、傍点筆者

イサドラにはあらゆる瞬間にとるべき形式がはっきり見え、同時に瞬間的に壊しうる自由を持つというのだ。即興性というあらかじめの準備の上に安住できない状態は、「危機に立つ肉体」として、そのときその場での直観的な選択の連続である。鈍重なる思考を超えた動物的反応でもあり、天の啓示でもあるようなものに開かれていなければなるまい。一瞬にしてつかみ取る「形式」と、その精巧さ、正確さ、さらには優雅さ（！）の強調は土方においても同じである。

クラシックバレエの体系の見事さ。六〇〇年もかけてるんだから。モダンダンスが一度だってバレエを超えたことはありませんよ。優雅さといい、精巧さといい

「白石かずことの対談」『土方巽全集Ⅱ』

照明の問題でも音楽の問題でも表現の問題でも一挙に解決できるものがあるのではないですか。ですからハプニングは不正確だからいやだというのですけど。

「宇野亜喜良との対談」『土方巽全集Ⅱ』

私の踊りには失敗というものが許されていないのですよ。ですから、私は前に言った様に、見なくても分かるものはあると確信しているんです。

（同）以上傍点筆者

イサドラ、笠井らと同じく土方も、自明性により、動物的な速さを持った体の決定力、あるいは天啓のように降ってくるものを一瞬にしてつかむということをやっているのだから、「見なくてもわかるもの」なのであり、種々の問題が「一挙に解決」できるのである。それは初めから「失敗が許されない」世界である。動物本能も天啓も失敗はあり得ない。失敗は死であろう。

ところでここで問題にされた形式や正確さをめぐる議論の中に、「即興」とか「一挙にわかる」など、「速さ」が決め手になる言葉が多くみられることにお気づきだろうか。人はとかく本物の演技に関して、「じっくり時間をかけたほうが本物になる、正確な形に近づく」と考えがちだ。実際ワークショップや稽古で、「そんなにすぐにできないわよ。ウソになっちゃう」という反応にしばしば会う。しかし舞踏に関してはそれは間違っている。「考えたらおしまい」なのだ。スグに考える間もなくやらないと、カラダの側からいうとウソになるのだ。そういうピュアな「瞬間」だけが本物なのだ。もう少し具体的な例を出してみよう。

## 考えたらおしまい

私は主としてヨーロッパでこれまで一〇〇〇人以上に舞踏の稽古やワークショップをしてきた。時々どうしても進めない人がいる。見ていると、必ずと言っていいくらい、「考えて」いる。一時間ほどの即興を踊るときでも、ずっと何かに突き動かされるように踊る人もいれば、ほとんど何もせずに終わる人もいる。「どうだった?」と聞くと、「何も思いつかなかった」と言ったりする。「でもなんかふっと衝動が走る瞬間はなかったの」と聞くと、「いや、あった、あったけど体がついていかなかった」とか「乗れなかった」などという答えが返ってくることが多い。

まさに、「乗りそこなった」、「乗り遅れた」のである。電車に乗り遅れるように、衝動に乗り遅れたのだ。感情とカラダの間に重い距離がある。それはもちろん私にもある。「あ、遅れた」とわかる。それをあとでも上塗りしては、重い意味の世界に落ち込むから、それはやり過ごして次の波を待つ。待つというよりは波を作る。波はどんなことからやってくるかわからない。ほんのちょっと体重を右足から左足にずらす。ほんのちょっと猫背になる。そんなことからでも、体はずんずん何かの記憶を呼び込んでくれるのだから、波が来たときに乗り遅れないように、子どもや猫のように目を光らせて待ち構える。

「息のむ間もなく（中略）空虚のように生き生きとして私たちの舞姫は存在している」という土方のフレーズを文学的にだけ眺めていてはいけない。ダンサーのためのマニュアルと言っていいほど具体的に「踊り方」を書いているのだ。「息のむ間もなく」とは、「衝動に乗り遅れない電撃的速さ、動物や子どものような直接性」である。自我意識がなく「空っぽ」で「空虚のように美しい」のである。

アメリカの神経科学者ジョゼフ・ルドゥーが「恐怖の脳内メカニズム」に関する二段階の反応について研究している（『情動の脳科学』東京大学出版会、二〇〇三年）。たとえば、にょろっとした感じのものを見たときの第一次反応は、「危ないっ、蛇だ！」と身をすくませ、用心する反応。それは大脳基底核の扁桃体によってなされる。そして二番目は遅れて立ちあがる大脳新皮質の分析装置が、「なーんだ、紐か」の正解を出し、すくみは解除される。恐れにはこういう二段構えの構造がある。

また別の面白い報告もある。養老孟司が、無意識は意識の一万倍と言ったように、私たちの無意識の体は多くの記憶を抱えている。それは見たこともない国の言葉までしゃべりだすような限りない記憶である。むかし心理学の本で、ワイルダー・ペンフィールドがてんかん患者の脳を調べていて、偶然にあらゆるニューロンが、音や匂いまでも含めた過去の状況記憶の宝庫であることを発見した、ということも読んだ覚えがある。私たちは星の数ほどならぬニューロンの数ほどの、膨大な無意識的記憶を抱えて生きているということになる。舞踏はルドゥー的に言うならば、第一次の生の、言語的理性以前の動物的生存反応を大事にすることであり、ペンフィールド的に言うなら、しまい込まれた数知れぬ無意識の記憶に発現の場を与えることという見方もできるかもしれない。

## いびつな変形は高等テクニック

前にひいた土方の文章中の「ハプニングは嫌い」、バレエについての「精緻と優雅」への記述に改めて注目したい。ここまで言うだけの精緻なるテクニックが、なぜ「奇怪で無定形でテクニックなきデタラメ」と思われているのだろう。長い間不思議だった。私にとっては、舞踏の創始者たちは大変なテクニックの持ち主だ。たとえば『疱瘡譚』の土方。足首はバレエで言う正確なポワント、ドゥミポワント、フレックス（爪先立ち、足指立ち、踵を曲げる）を見事に使い分けながら、全体としてビッコの歩きのようなものに溶かし込む。これはもはや名人芸だ。またポワントでバレリーナのように床を滑りながら、背骨は肩甲骨のあたりで吊られた猫背というコントラストの妙の場面もある。そして一番感心したのが、開脚して落ちることとの反対動作、つまり開脚座りから上に向かって釣り上げられるように立つ動作！　これはヒップホップやジェームズ・ブラウンがやれば、会場中の大喝采ものの動きだ。

これを見て、「テクニックのない素人」と決めつけたかつての舞踊協会（ウィキペディアによれば）や、また、「これならテクニックのない私にもできる」と自己流舞踏に向かった人たちが、私には信じられない。舞踏は、テクニックを確実に身につけた者たちによって始められたが、彼らはそのテクニックを変形し、いびつさ、土着性、鋭角性、ギクシャクした動き、さらには滑稽さに至るまで、人間の根源的な深層に迫る新しい表現を開拓したのであって、テクニックが何もない人の粗雑な踊りとはまったく違う。チャップリンが滑って転ぶシーンを一〇〇回も撮りなおしたことは有名であるが、「うまく失敗する、上手に下手をやる」ことは、うまくやれる技術を獲得した人がその先に挑むべき高等テクニックである。土方がガニマタや猫背やビッコで踊っても、それは訓練された体から正確に生み出された精巧かつ自由なテクニックである。次の言葉からは大野一雄が作品づくりにどう向かったかが、うかがわれる。

稽古をやって、それを今度、踊りとして拡大するというのは（中略）踊りになるためには何が必要なのか。あるときは足をバンと出す。瞬間的にさあっとこうやったら、もうガラッと変わってきた。そういうなかで拡大していったりするとか、いろいろな姿勢があるわけです。

見ていて楽しいとか、文句なしにぐっと入ってしまうものでないと駄目だ。見え透いていては駄目だ。次にこうするかなと見透かされる。されないような、そういうところにいくように稽古をしないと。

あなたが膝を大切にしているかどうか。関節を大切にしているか。心臓にも関節があって、ただリズムで押してるだけじゃなかった。心臓にも関節があった。心臓のリズムが刻々と変わる。

大野一雄『稽古の言葉』

踊りとして拡大する。つまり舞台の上の踊りとして成立するかという問題。稽古ではプレスリーでもかけてデタラメに、とか、お母さんのお腹の中の狂気のように踊れと言う大野一雄でも、舞台の踊りということは、さらに特別に考えていた。「見ていて楽しい」、「ぐっと入る」ものでなくてはならないし、「関節」という具体的な要素まで出している。大野一雄の中にノイエタンツの痕跡を探すならば、そういう関節の重視や、「足をバンと出す」といった鋭角性かもしれない。ドイツのノイエタンツのマリー・ヴィグマンの『魔女の踊り』（映像）を見たときの衝撃は忘れられない。打楽器の音と仮面で、まったくヤワな人間的情緒も安易なステレオタイプの魔女的なものも切り捨てた、一つとして無駄のない踊りであった。そしてその情緒の禁欲とピュアなエネルギーが、結果として何か深い記憶の琴線に触れる。大野一雄においても、関節と鋭角性が、あの花と魂の踊りを硬質なフレームとして支えているのかもしれない。

以上この章では、大脳新皮質前頭葉を中心としたコントロールがなくなり（×↓）、古い爬虫類脳の機能が中心になったときに動物的な機能が発動され、またカラダの無意識の中にしまい込まれていた記憶が姿を表す（○↓）というシェーマを頭の片隅に置いて、舞踏体の諸相の基本的な部分をみてきた。そこで驚くべきことに、舞踏の言葉はほとんどその裏（反対）を見なければならない、ということに気づかされる。つまり、間違っても「闇、死者、危機、空っぽ」などの言葉を、現代合理社会で使われているような意味で、文字どおり「暗く危機っぽい死者を演じること」とか、「無力、虚無に通じる空っぽ」と取ってはいけない。そういう通念から見たらほとんど反対と言っていいところに、突き抜けなければならないのである。すなわち闇は非理性の輝きである「光」に転じ、死者は生の積み重ねとしての「力、恩恵」なのであり、また危機は危機を演じるのではなく、むしろ危機回避の動物的なアドレナリン反応に反転する。多くの誤解とは裏腹に、舞踏とは、死者からの限りない命を担い、空虚のように生き生きと舞姫を存在させることなのである。

理性脳としての大脳新皮質を巨大に発達させた人類ではあるが、肉体脳（爬虫類脳）と情動脳（旧皮質＝下等哺乳類脳）の数億年の歴史は、私たちの脳の奥深く眠っている。舞踏はその声にもっと耳を澄まそうという声だと知ることで、無用な誤解を払拭して、舞踏の真意に近づくこともできるのではないだろうか。

## 私の稽古

私の稽古を断片的に紹介する。

### 一　気の訓練――動物的反応力、空間と記憶に開かれる

私の稽古は、最終的にダンステクニックや振付に至るが、初めのベースとしては「気」の訓練を時間をかけて行う。気というのは陰と陽の間に流れるエネルギーなので、上半身と下半身、あるいは右足を軸（陽の足）にしたら、左足は軽く浮かす（陰の足）というように、絶えず陰陽の高低差を作って流す。つまり頑張ってどこかに力を入れるのではなく、「流す」、「通す」ということで力を得る。それは時に自分を超えたような力にもなる。

地面から息を吸い上げ、全身を巡らせ、また地に戻す。水平線方向、天地など方向を変えて行う。注意すべきは上虚下実、すなわち下半身は盤石、上半身は脱力して行う。特に横隔膜を柔らかくし、丹田の意識を充実させながら、腹式呼吸を深くしていく。

次にそれを組み手で行う。相手との気の受け渡しをするのである。しだいに切り下ろしや、回転などダイナミックな動きを、力ではなく、気でできるようになる。

気は、細胞間のイオン交換の伝達だと科学的には分析されている。電池の直列つなぎを想像すると

わかりやすい。そして気はカラダの内と外を結ぶ。気功師が離れたところから気を送って治療したり、武道で言う遠当て（相手に触れないで倒す）などにハッキリみられるように、気を外から取り込んだり外に送ったり、ということができる。

私が舞踏の基礎としてこれらの訓練をするのは、そのエネルギーにより、時間と空間にカラダと意識が開かれて、自分を超えた大きなものの一部になって踊るためである。

技術的にも軸（体幹）が鍛えられ、直観力が増すので、たとえばターンがしやすくなったり、土方の言う「危機に立つ肉体」の本能的な反応が出やすくなる。アタマをストップして爬虫類脳の機能を発現させ、また古い先祖からの記憶を憑依的に呼び覚ます。動物、あるいはサムライの瞬時の反応を目覚めさせ、正確で美しい体を研ぎ澄ます「気の訓練」は舞踏体の基礎となる。

足腰の安定と俊敏さ、体幹などがある程度鍛えられてきたら、「刀をバラに持ち替えて」と私は指示する。つまりこれらの稽古は何も武道家になるためにやっているのではない。もっとも機能的なカラダの使い方を覚えるためであって、それは花を持って踊るときにこそその力を発揮するはずである。

## 二　体の各部の意識と連携——足の重要性、出てゆくこと

これらに加えて、カラダの各部の意識を高めるためのレッスンを繰り返す。たとえば足首、ひざ、股関節、胸骨、肩甲骨、首、腕など各部の意識を高め、それらの分節化や連携などを訓練する。

マイムの基礎を取り入れつつ、一度自分の体を人形のように、機械仕掛けのモノのように扱う。各関節に意識を凝らしていくが、それは情動を持たない物体ではない。無機的なものに帰するなかから、かえってより強く浮かび上がるものもある。各部分の意識を高めると同時に、それをスムーズにつなげることも学ぶ。たとえば「イルカ」という動きをするが、水の中をうねりながら泳ぐイルカのように、カラダをしならせる。ことに背骨を二七個の椎間板が一つひとつ順に連動するようにして進む。「輪くぐり」という動きでは頭の両横に二つの輪を想像し、それに下から潜って出ていく。頭と首、肩、そして胸までが輪をくぐることを確認する。

ダンスにおいて足が重要なことは当たり前であるが、踏の字がついた舞踏でもその意味は大きい。足がカラダ全体のあり方を規定する。土方のガニマタは有名で、東北の農村に典型的に見られたその足を通じて、何かに触れていたことはまちがいない。また、「ガニマタのニジンスキー」のような独特の混合物も生んだ。しかし彼自身の踊りを見ればポワントからフレックスまで、またピッコのような歩きからフラメンコまがいのステップまで、その足使いはきわめて多彩であり、舞踏を目指すものは、やっぱり足ワザを鍛えねば、という気になる。最近の舞踏には、あまり足を動かさず、その場に一時間もじっと立って踊るようなものも見受けられるが、どうだろうか。足は人間の中でもっとも原初的な部分で、子どもは地団太を踏み、アメノウズメノミコトは桶を踏みならしてトランスに入った。大野一雄の場合も足は重要な要素を占めている。

踊りになるためには何が必要なのか。あるときは足をバンと出す。瞬間的にさあっとこうやったら、もうガラッと変わってきた。そういうなかで拡大していったりする（中略）重心が少し前にかかるようにね。前に進むためには重心が少し前に。（中略）そうするとひとりでに足が、出そうと思って出さないで、前の方に一人でに出ますよ。（中略）あるとき私は私自身に、出ていって、出ていきなさい、出ていって出ていきなさいと、そう言った。私の肉体にそう言ったのか、魂にそう言ったのか、命にそう言ったのか。私はいつの間にか、飛び出していった。

大野一雄『稽古の言葉』

足をもっと使ってみてはどうだろう。一歩踏み出して自由になれるかも知れないし、引っ込みのつかないぶざまになるかもしれない、が、そうなったらそれを踊ればいいと思う。守りの姿勢で踊って何が生まれるだろうか。大野一雄も言うように、舞踏は自分のへそを見つめて内向することではない。限りなく「出いって、出ていく」ことなのだから。訓練ではさまざまのステップ（マイム歩き、歌舞伎の六方、フラメンコ風ステップなど）によって足の感覚や技術を高める。「すり足」は舞踏訓練の定番のようなものである。中心をずらさない一定の速さ、後ろの足がほんの少しだけ体を押し出すときに感じる軽い浮遊感などを学ぶ。動禅（動きながらの瞑想）としての集中にもつながる。皮膚感覚を鋭敏にし、いまくぐっている空気の分子が感じられる。そういう極小の感覚と、前にも後ろにも広がった無限の時空を歩き続ける極大の感覚が結びつく。ここから自分の後ろに延々と続く祖先のこと、突っ立った死体のことなどが導入される。

## 三 「飼いならされる」以前に――酔っ払い、ゴキブリ

時には心のブレーキを外すエチュードも行う。「酔っ払いのエチュード」では、まず右へ左へと背骨をたわめ、重心をぐらつかせ千鳥足で歩く。ついに転ぶようになる。転んだら笑う。理由もなくカラダの反応としてやる。同じく泣く、怒るもやる。初めのうちは、「理由もなく泣いたり笑ったりできない」という抗議の目で私をにらんでいた人も、やっていくうちに胸のあたりがほどけるというのか、だんだんやり始める。小さな子どもたちが、意味もなく転んでは笑うようなことを延々とやるのと同じだ。しまいには教室中が笑いや怒りの渦になり、こっちが「もういい、もういい」と止めなければならないほどになる。

もう一つ「ゴキブリのエチュード」というのがある。ストレッチやあくびでリラックスしてもらい、急に「ゴキブリ！」と叫ぶ。想像力をすぐにカラダの反応にできる人は、キャーッと叫んで逃げたり何かを振り下ろしてつぶそうとする。そんななか、あまり反応しない人がいる。たとえば屈強な

男子でゴキブリなんか平気という人。もう一つ別なタイプがいる。「私は昔から感情、特に恐怖を押し殺す訓練をしてきた」というような人。その訓練は実生活では有用なのかもしれないが、こと舞踏に関しては大変困った抑圧である。感情とカラダが直結する、とは赤ちゃんのとき、転げまわって泣き、体をゆすって笑い、地団太踏んで怒った、あの状態。前頭葉における感情コントロール、すなわち飼い慣らされる前の状態であるから、そういう人はコントロールを外して赤ちゃん状態に行くための、時には長い訓練が必要になる。赤ちゃんは、「いま泣いたカラスがもう笑った」で、その時々の情動を体いっぱいにみなぎらせて生きている。「空っぽのたえざる入れ替え」のこんなにいいお手本はない。

## 四　軸と空間を作る、くずす——障害

バレエのターンのようなことも武道的な訓練からのアプローチでできるようになる。丹田をブラさずにステップするなども同様である。こうしてきちんとカラダが統御でき、美しい水平線や垂直線の意識、柔らかい動きと鋭角的な動きなどが体に入ったら、次にそれを崩す。まず大きく空間を切ってきれいな線を作って踊る。次にそのきちんとした踊りを崩す。実はここまでいくのは大変なことであるが、初めから安易に奇形やいびつを踊ることについては、私は懐疑的であるので、ここまでを大切にする。

たとえば老人になっていく。そのときに私がよく話すのはニジンスキーのこと。この伝説的なバレエダンサーが、精神病院の中で晩年跳躍しようとしているところの写真が残っている。また全盛期のトーキー時代からの大女優リリアン・ギッシュが年老いてから、フランスバレエの大スター、パトリック・デュポンとともに『バラの精』を踊ったときのことも話す。「踊った」と言っても老齢の彼女はバラの精を夢見る乙女の役で寝ているだけだが。それがパトリックが踊るバラの精を夢見て寝ているときには、まったく違和感がなく乙女だと信じられる。のみならず、若い優秀なバレリーナのバージョンよりも「夢見る」ということをもっと深く訴える。

ワークショップではきちんと空間や軸に気をつけて、自分では最も美しく華麗に踊ることを目指して踊る、ということを何分かやった後、その人がだんだん老いていく、老いたスターがかつてのように踊ろうとしている、あるいは踊ったつもりでいる、踊っている夢を見ている、ということをする。またどこかに障害を持っている場合はどうか、目が見えない場合ならどうか、などを行うこともある。どこかに不自由を持っているとき、何かがとどめられているときに、踊る気持ちがもっと強められ、踊りが輝きを増すという体験に、多くの人が、私を含めて感動する。

## 五　音や空間との関係——創作の第一歩

カラダの動きが波動である以上、音との関係は言うまでもなく決定的な要素となる。私自身の作品づくりは音づくりとともに進める。音は無限の想像を呼び起こす。音に合わせたり、微妙にずらしたり、時にはまったくの逆、たとえばガンガン速いリズムを不動に近いすり足で歩いたり、無音や静かな音の中で逆に激しく動いたり。そういう音との関わりで全体の作品の構想ができていくことが多い。

生徒との稽古でも、音は聴くように、そして聴いてもそれにそのまま反応しない、たとえばアフリカの太鼓が鳴っても、そのリズムで踊らない、その上を滑ってゆく。あるいは音の中に入り込むのではなく、音と自分の踊りの両者で作り出される関係性を外から統合して眺めるように指示する。

空間の使い方、相手との関係、観客との距離、背を向けているか、横に立っているか、なども学ぶ。ずうっとむかし大駱駝艦の公演で、幕が開くと数十人の男たちが棚のように摘まれた箱に一人ずつ入っていて、それらが全部背中を向けて座っている、という舞台を見た。数十分背中だけがうねるという公演は印象深く、いまも瞼に残っている。トリシャ・ブラウンにも“If you couldn't see me”というダンサーがずっと背中向きで踊るという公演があった(一九九四年)。

私も仮面を背中に付けて踊るという公演をしているが、仮面に合わせて腕もねじって、後ろが前のように見せなければならない。時には後ろ向きで踊ることが大きな印象を与えることもあり、カラダの方向性は重要な踊りの要素である。ニジンスキーもそれまで三六〇度に広がっていたバレエの動きに対して、頭と下半身は横向き、肩は前向きのいわゆるエジプト風の「面」を持ち込んでいる。

## 六　踊る

ここまではいわば踊るための準備、舞踏体の基礎づくりのようなものである、ここからは踊ることそのものについてである。しかしここにはあまり書けるものがない。定式はないからだ。きちんと振り付けるときもあれば、もう少し自由な形で踊ることもある。振付のときはもちろんまずそれができなければならないが、それができたからと言って、それでよしとはならないことが多い。何かが違う、何が違うのか。

一つのケースはモノになっていないカラダ、その人のナマの自我のままで踊っているカラダである。逆のケースは、ある種の自分の殺し方の様式のようなものを獲得してしまっていて、その形骸の踏襲だけに終始し、生きた輝きが何もなくなっている。こういうことは根本的な「あり方」、「居方」の問題なので、時間がかかることが多い。そのことはもちろん私自身にも言えることで、自分へのダメ出しの視点でもある。

振付でなく、少し自由に示唆を与える場合、最近やったことのなかからいくつか例を挙げよう。

・カラダの中にハエが飛んでいる、それがあちこちにぶつかる。速さや強さが変化する。時にはカラダごと持っていかれる。時にはただもぞもぞカラダのうちを歩いているだけ。自分の皮の内側が踊る。

・第三の目を額の真ん中に開く。その目が世界を見ている。やぶにらみの動物、しなやかな強さ。砂漠を歩く。月に吠える。

・カラダの編み物。四肢を編み棒かかぎ針のようなものとして操りながら、カラダの編み物をする。しだいにカイコのようにカラダがマユで包まれる。そのなかで、かすかな光を感じて眠る、出て行こうとしてマユを押し破る。そのあと何が起こるか、カラダに任せて踊る。

こういう場合、本人の踊りを見て「何か違うな」と思ったときに言う。もっとこれを伸ばして飛翔してほしいなと思うときに、そういう声をかける。「頭で考えているな」とか、「自分に批評を下しながら踊っているな」というときにも、どんどんぶち破って捨てていくようにプッシュする。何かの憑依がほしいときに、その命のようなものを送りこむ。

動物の動きから始め、人物と結びつける。たとえば鶴のような紳士、クジャクのような婦人、おたまじゃくしのような学校の先生など。始めに動物的な第三の目を開くことが大切で、その後は敢えて何かに似せるのではなく、エッセンスのようなものがにじみ出ればよい。組合せはまたどんどん変わっていってよい。

踊りは不思議な契機で始まる。本人からそれが始まれば、もうこちらは時々道をつけるだけでいい。始まらない人はどうやっても始まらない。

日記から

一九八九年

・イロイト・エ・モール（注：昭和天皇崩御。フランス人はHを発音しない）とCharlieが言う。聞き返したらヒロヒトなんだ。稽古の帰りの寒い空。うーん、そうか、こんな風にね、風が吹くようにね。

・ベルリンで踊ってパリに帰って二週間ほどして東西の壁の崩壊を聞いた。ヨーロッパでも「ある戦後」が終わりつつあるんだ。そしてまた別の戦争が……。もっと目に見えない戦後。経済の悪化、人心が寒くなる時代だってジュヌヴィエーヴが言う。スワサント・ユイットの生き残りの犠牲者みたいな人。あんなに夢見る時代をサルトルや、ボーヴォワールと送ったので、いまは黒い雲に覆われているのだ。いまは「自殺の権利を認めろ」という運動をしている。

だけどベルリンは夢みたい。二年前に私のArtaud Ange Déçu（注：アヴィニオンで踊った『堕天使アルトー』）を見て泣いたんだって。それでベルリンで自分の小屋を持てるようになったら一番に呼びたいと。ありがとう！　そんなに覚えていてくれて。

Eの家で会った青年は、半年前にマクベスの終りのシーンみたいに木の枝に身を隠して、銃殺の危険を冒してベルリンの壁を乗り越えた。もしそのとき銃殺されてたら、「六カ月か待ってたら笑いながら歌いながら西に渡れたのにねっ」てことになっていたんだ。
一九九五年
・Sumako、Kobe に親せきはいなかったか。友だちは住んでいなかったかとみんなきいてくれる。しんぱいしてくれる。
二〇〇一年
・アニーの家でテレビをつけたらニューヨークのビルに飛行機が突っ込んで煙を上げていた。始めはなんだかわからなかった。テレビドラマか映画かと思った。
二週間電気もガスもない山で暮らしてきて、習慣でそろそろろうそくに火をつけるかなんて考えてて、テレビがあることさえ忘れていたのに、なんていうギャップ。この世界はなんていうところに……私は山を下りてきてぶつかった。（注：南仏セヴェンの山のワークショップからパリに帰ったとき）

二〇〇一年の日記はできすぎているようだが、本当の話なのである。帰国して、年に数カ月ヨーロッパで過ごす生活になってから、二〇一一年の東日本大震災はイタリアのシシリー島で知った。「スマコ、日本が大変なことになってる。車が浮いてるよ」というヴァレンティーナの声でテレビにかじりついた。一〇日後に帰国の切符は買ってあったが、三月一一日当日に、イタリア国営放送は、「原発をどうするか」という特番に切り替えて数時間の議論をしていた。イタリア語はわからなかったが、日本政府の対応や日本メディアの流す情報はもっとわからず、結局何やら放射線は日本の北半分（東京を含め）をかなり飛び交っているらしいと想像し、パリの息子も必死に止めるので、帰国日を延期した。

# 第四章　デカルトと舞踏

## 知とは「考える」こと

一七世紀ヨーロッパに中世の闇を払わんと、「光の時代」、「理性至上主義」時代がおとずれる。なかでもフランスのデカルトはその筆頭によくあげられる。数学的・論理学的方法によってさまざまなものの存在証明を試み、証明できないものやあやふやなものは消していった結果、そういうことを考えている自分がいることだけは間違いないとして、有名な「われ思う。ゆえにわれ在り」が残った。

数十年パリに住んでみて実感したのは、日常のなかで「知」という存在が大きく居座っていることだった。「知」は学力テスト、偏差値、学歴などとは別のことで、マークシート式回答は存在せず、記述式ばかり。またおエライ先生だけが難しいことを言うということでもなく、一人ひとりが自分の頭で考え、みんなで議論しあうという日常的な知性のことだ。

とはいえ、私は彼らを一〇〇パーセント持ち上げているわけではない。彼ら自身が自分たちをカルテジアン（デカルト的な思考をする者）と呼ぶそのあり方には、さまざまな破綻が生じている。ただ「考える」ことが人間の義務であるとばかりに、考え、議論し、テレビは〝俗悪〟として持っていない人は多く、電車でもスマホをやる人より本を読んでいる人のほうがはるかに多いという暮らしぶりは、一応この国の知と文化の層の厚みにはなっている。

フランスで子どもを育てた経験で言うと、まだ六歳の小さな子どものときから、みんなの前で考えを発表するエクスポゼというのをやらされ、ディベートの訓練をする。それもとにかくお話ができればば「偉いね」とパチパチされるようなものではなく、テーズ（提題）、アンティテーズ（反論）、サンテーズ（統合）という弁証法的な論理形式を踏んで行う。あいまいなところは容赦なく先生にも仲間にも突っ込まれ、さらなる理論武装を迫られる。小学校から落第がある。そして高校では哲学が必修という、「考えさせ、しゃべらせ、議論させる」教育の先に、この口から先に生まれてきたような議論好きの国民ができ上がるのか、と納得したものである。

ところでその先の大学はと言えば、だれもかれもが大学を目指すわけではなく、大学進学率は日本よりずっと低い。大学の格差もなく受験競争もなし。その代り入ったら進級はきわめて難しいので、おのずから本当に勉強したい人が大学に行き、そして残りたい人だけが猛勉強をして残る。そのため、中学出でも労働者でも臆することなく自分の意見を言い、映画、演劇、音楽会や展覧会にもどんどん出かけて喧々諤々議論しあう。もちろんそれがすべて正鵠を射ているなどということはありえず、へりくつのほうが多いかもしれない。ただだれも、「いやあ、僕は考えることは苦手だから」とか「私は高学歴じゃないので」などと決して言わない。それは謙遜の美徳ではなく、「考える人間」の義務放棄として軽蔑される。へりくつでも先に結論を言い、あとでパスク（なぜなら）と一応論理的な形態をとって話す。そうやってみんなで口をとがらせて議論していくうちに、それなりに考えが進化する。

## デカルトと禅

デカルト的理性を支える「言葉」は決定的なものである。言葉の保護のために、一七世紀以来、「正しく美しいフランス語」の監視人アカデミー・フランセーズが、変な言葉や外国語が入ってこないよう、使っていい言葉、いけない言葉を指定している。かの「ウォークマン」にも英語の流入を避けるべくそれに対応したフランス語を決めて使用を促したが、さすがに失笑を買い、ウォークマンはフランス全土を席巻した。が、それほど自国語を守ろうとしている、という話である。

言葉の世界での整合性の範囲でだけ成立する世界は、悪くころぶと次のような光景になってしまう。むかし岸恵子さんがフランス人に嫌気がさした出来事として、ホースで水をかけられたときに、すぐ謝ってくれれば許せたのに、「私はいまなんとかで、そのときあなたが通りかかって……云々」と言い訳が延々続くのにうんざりしたというようなことを書いていた。まったくその通りのことがしょっちゅうある。

そんな日常レベルのことだけでなく、もっと深い人間の存在に関わる問題として、「理性と言葉の国」には、これまでもさまざまな揺さぶりがかけられてきてはいた。フロイトが展開した無意識の世界は、シュールレアリストたちの芸術運動となり、また絵画ではフォーヴィズムの野獣性志向や、ピカソによるアフリカ芸術の賛美、文化人類学ではレヴィ＝ストロースの『野生の思考』というように。

しかし一九六〇年代の終わりにやってきた日本からの波はちょっと違っていたのではないだろうか。禅、合気道そして舞踏は「カラダごと」の変革を提起していた。アタマだけで考えること、言葉だけの整合性を追うことの限界。逆説的だがある意味、理性の国の人たちは理性主義の行きつく先を明敏に見ることができたのかもしれない。彼らのうちのある者は、東洋の非理性や心身一如に、日本人以上に真剣な眼差しを注ぐこととなった。それはいわば精神の死活問題の真剣さを帯びている。

ここから私はそういうフランス人のアンチ理性、反デカルト主義の動きを、私が舞踏で活躍できた理由に結びつけて紹介していきたいが、舞踏上陸の一〇年以上前に、すでにフランス人の精神の針がビューンと理性主義の対極の方に跳ね上がった出来事として、禅の導入について述べる必要があると思う。

弟子丸泰仙、一九六七年七月横浜港よりパリに。着いた翌晩、知識人クラブで「禅とは何か」を講演。いきなり雲水姿でスピーチテーブルの上で坐禅を組み「禅とは坐禅だ」と四、五分何も話さず静かに坐禅をした後、フランス語通訳を交え英語と日本語で講演した。

『永平寺記録』

一九六八年にはロンドン、ドイツへの伝道を行い、ローマとパリの世界宗教会議に招かれるという超スピードの展開。翌六九年にはモンパルナスの駅前に新道場を開設し「ヨーロッパ禅仏教協会」本部とした。構成メンバーにはパリ大乗禅寺院代やパリ総合病院長、元インド・ヴェーダーンタ・ヨガ会長などが名を連ね、日本でも有名なカールフリート・デュルクハイム博士（戦時中日本に滞在し、帰国後、坐禅と岡田式静坐法を応用したドイツ東洋精神文化研究所設立。ハイデルベルク大学名誉教授）が理事を務める、と驚くべきそうそうたるメンバーである。

またなんとカトリック教会にも積極的に切り込み、フランス中部のベルフォンテーヌ僧院で一〇日間、修道僧に坐禅を指導する。この前代未聞の事態にフランス国営テレビ局がローマ法王庁の許可を得て撮影し、「カトリックと坐禅の交流」が四時間、全国放映された。その後も繰り返し全欧で放映され、大きな反響をよんだ。私がパリに到着する一〇年ほど前の出来事である。

弟子丸は『野生の思考』など文明批判的な研究で世界を驚かせた文化人類学者レヴィ＝ストロースとも交流があった。著書にはかのアンドレ・マルロー（歴史家、元文相）が序文を書いた。一九八〇年にはスイス国営テレビが、「ヨーロッパ文明の危機と取り組む東洋の宗教」を一週間続けて放映。そのなかで「ヨーロッパに一三年間住んで、約一〇万人の弟子をもつ」弟子丸泰仙を取り上げた。栗田勇は著書『文明のたそがれ』の中で、実際に弟子丸の道場を訪ねた体験を、「東洋エクゾティズムや物好きの果てと言い切ることはできない」と記しているが、そこでは弟子の数は「ヨーロッパで二〇万人に及ぶ」とされている。一〇数年でヨーロッパ全土に二〇万近い弟子、と聞くとパゾリーニの映画『奇跡の丘』で見た、キリストが「すぐに私についてきなさい」と声をかけると、網を手放し漁師たちがぞろぞろと付き従った情景などが思い浮かんでしまう。

一九七〇年代にヨーロッパでこれだけのことをやった日本人がいた。驚くべきことである。それは彼の功績でもあるが、ヨーロッパ精神史の潮流の変化に乗って、前代未聞の事態が進展したのだ。一方で私が驚きと寂しさの混じった気持ちを抱くのは、日本に帰国して弟子丸を知っているかと聞いて、一人も知っている人に出会ったことがないことだ。地球の裏と表の間のこの大いなるギャップは何なのだろう。最後に弟子丸自身の言葉を聴こう。

> この反響は、単なる僥倖や一時的ブームではない。そこには遠い宿縁というか、現代ヨーロッパの文明史的な根強い理由が存在するのである。
>
> 『禅僧ひとりヨーロッパを行く』一九七一年

> デカルトは「我思う、故に我あり」といった。（中略）今日の物質科学文明の行きづまりの原因が、従来のデカルト式思考法の知育偏重にあると気づいてきたからである。
>
> 『パリの禅僧―ヨーロッパを席巻した行動する禅』一九七五年、傍点筆者

私は弟子丸フィーバーより一〇年ほど遅れてヨーロッパ上陸をした。舞踏も根本的に弟子丸の言う

「ヨーロッパの文明史的な根強い理由、従来のデカルト式思考の行き詰まり」に応えるものだったと思う。私自身は座禅も舞踏の訓練に取り入れている。共通なところもあるし違うところももちろんある。無我として根源的な力に結びつくという一点でそれは同じ根を持ち、しかし同じ無我であっても禅の静的に静まる無我ではなく、舞踏は「無我」夢中で遊ぶ子どもの姿に近い。

## フランス国立科学研究所と『舞踏（Butô(s)）』

二〇〇二年、フランスの国家機関である国立科学研究所から『舞踏（Butô(s)）』という大著が刊行された。さすがに一流の学者・研究者の手になるだけあって、ものすごく調べ上げられている。表紙には土方巽の『ギバサン』（一九七二年）の写真があり、それを開くとすぐにニジンスキーが飛び込んでくる。数ページめくるとドイツ表現主義のマリー・ヴィグマンがあり、数十ページ後には土方巽、大野一雄などに各章がさかれた詳しい記述がある。私についてもページをさかれている。

『Butô(s)』

ニジンスキーは、私が舞踏を始めた一九七〇年当時は神様のように言われており、『ニジンスキーの日記』（現代思潮社）を、父の入院などとも重ね合わせて涙ながらに読んだものである。「飛んだら宙に浮いていた」と言われた伝説的跳躍力は、馬のような太ももに見て取れるが、顔は少年のように繊細である。『牧神の午後』の写真はまことに美しいが、あまりに大胆な動物性（性的な動き）が、パリ・オペラ座の紳士淑女から顰蹙を買った。興行師ディアギレフとの同性愛も絡んで、若くして精神病院生活となり、人生の半分以上をそこで過ごした。後年、病院で跳躍をしようとしている写真が胸を打つ。

彼の「私は肉体に宿った神だ」という叫びが、憑依を基とする舞踏家の指針となったのだ。フランスの本『舞踏』はそれを初めのページに掲げ、「舞踏は西欧思想と日本の身体技法の結婚」であることに呼応するように、神道や「気」などの日本的な基盤を詳述する一方で、アルトーやジャン・ジュネ、そしてドイツ表現主義のマリー・ヴィグマンと、それを学んで帰国し舞踏への導入口となった江口隆哉についても詳しく述べられた真の研究書である。と言っても、私がそのレベルの高さからそう呼ぶだけで、一般書店に売っている一般人向けの本である。多くの人に読まれて再版になったと聞いた。驚くべきことではないだろうか？　日本では国家の機関が舞踏に関する本を出したりするだろうか。そして一般の人がこんな本から舞踏のことを知るだろうか。

フランスは哲学・思想の国で、日本は実技・実学の国と言ってしまえばそれまでで、それも確かにある。しかし舞踏の創始者らの著作を読むと、それはまことに深い思想である。西欧の単純な二元論を超えた、よりレベルの高い「アタマの思想ではない、カラダの思想」である。よくぞここまで「カラダの非理性、非言語の出来事をコトバ化」したと感心するような思想である。それは本来あり得ないものを一瞬の間、浮かび上がらせただけの非常に壊れやすいものである。だから、それはたやすく誤解され変形される運命にある。その例を挙げてみよう。

## フランス人の『病める舞姫』

舞踏のキーワード「暗黒」、「死者」、「危機」などの言葉は要注意である。暗黒は光でいっぱいの闇で、死者とは限りない命の連鎖で……といちいち解説しないと誤解される。ことに美や絶望的な憧憬、などに関してはほとんど一八〇度の誤解が広まっていると言っていいだろう。

たとえば数年前、南フランスのアヴィニオン・フェスティバルにボリス・シャルマッツの『病める舞姫』がかかった。私はちょうど滞日中で見られなかったが、見た人たちに聞き、映像で見た。大型トラックの運転席に風邪ひきの（演技だが）女優が鼻を詰まらせながらテキストを読み、男性ダンサーがトラックのワゴン型の荷台側で踊り、その中の様子がトラックの外壁に映る。床に張られた幕のようなものをバリバリはがしながら暴力的に踊るシーン、また二人とも運転席でややエロティックなシーンなどもある。テクノロジー駆使はうまくやっているが、『病める舞姫』は、はき違えなのか、それとも敢えて元の意味を大胆に変えたものを提示する試みなのか？

誰でも、甘い懐かしい、そして絶望的な憧憬に見舞われたことがあるに違いない。ずかずかと自分から姫君に近づき彼女と舞踏する決心をし、姫君の体温を自分の血管の中に抱きしめた経験を持っているだろう。（中略）ときおり、額で辺りを窺うような格好で手には包丁を持っている。ところが、それもつかの間で、ふにゃふにゃとした笑いのみを残して、眠りにおちていった。

『病める舞姫』『土方巽全集Ⅰ』

私は私の体の中に一人の姉を住まわせている。私が舞踊作品を作るべく熱中するとき、私の体の中の闇黒やみをむしって彼女はそれを必要以上に食べてしまうのだ。彼女が私の体の中で立ち上がると私は思わず座り込んでしまう。

『美貌の青空』『土方巽全集Ⅰ』

「絶望的な憧景」――なんと切なく美しく懐かしい言葉だろう。著書のタイトルともなっている『病める舞姫』は、「風邪ひき・鼻づまり」とはおよそ関係ない。私たちを舞踏させる根源である絶望的な憧憬。武内靖彦のようなベテランの舞踏家をしても、いまもまだ研究会を催させようとした『病める舞姫』。それにフランス人が、果たしてどう理解し、どう取り組んだのだろうか。それ以前に、単純に、「日本語からフランス語への翻訳」の次元で難問に突き当たる。今回の公演の翻訳者も苦労したことだろうが、私自身もフランス人に対して、長年「病める」は「病気」とは少し違って……とニュアンスの違いを訳すのに苦労し、また「舞姫」というダンスーズ（ダンサーの女性形のフランス語）というだけでは覆えない「姫」という「絶望的な憧憬の対象」についても、またその背景である東北の家の風景なども苦労して伝えようとしてきた。だからその公演については、「エッ、本当にやれると思ってるの?」というのが最初の反応だった。

『病める舞姫』のように難しいものに、海外の人たちが取り組んでいる。このフランス公演以外にも、ブラジル系のコレオグラファー、マルチェロ・エヴェリンなどの注目すべき作品もあるようだ。このような動きによって舞踏には新しい血が入れられるのか、あるいは何かがゆがめられていくのだろうか? 興味津々である。

# 第五章　「踊る身体」論

## カルテジアン

デカルト主義という言い方を私はずっとしてきたが、読者の中には二〇世紀のフランスをデカルト主義でくくっていいのか、という批判があるかもしれない。確かに前世紀のフランスは構造主義、実存主義や現象額などの思想や方法論が盛んに巻き起こった時代であり、そういうものをまったく看過して通り抜けるわけにはいかないであろう。

しかし私がデカルトの国と言っているのは、国民がみんな一七世紀のデカルトを、その「神の存在証明」のやり方まで全部わかって信奉していると言う意味ではない。カルテジアンという表現があるのだが、それはものごとを論理的に考えようとする人、というような意味である。実際〝Ce n'est pas logique（それは論理的じゃないよ）〟という言い方は普通のいわゆる庶民の会話でもたいへんよく出てくる。カルテジアンは本当に論理学で組み立てようとか、論理性で話を構築することというより、それ自体を目的化し楽しんでいる感じがある。それだけではなく、次に述べる物質と精神、また身体と精神における二元論という点でも、デカルト哲学の全貌は知らない人たちのなかにも、なんとなく影響はしみ込んでいるのでは、と思われる。

デカルトの「物心二元論」では世界を「精神」と「物質」に分け、「身体」は空間に場所をとるという特質から物質である。そして人間だけがもつ「精神」は「物質」より高く位置づけられる。よって「精神」は、「身体」より高く位置づけられる、ということになる。

しかしこの点については、デカルト的二元論の根本であるにもかかわらず、デカルト自身、「精神」と「身体」の二つが完全に無関係ということはあり得ないではありませんか、と哲学好きの公女エリザベートに指摘されそれを一部認めたり、脳の中にある松果腺で両者が結びつくという論を述べたりと、弱いところもある。それでも後世に与えた影響として「精神と物質（身体）の二元論」は残った。「近代科学」における自然研究の驚異的な成果はこの二元論による「物質」の独立性に支えられた面がある。一方、「精神」より低く位置づけられた「身体」は中心課題として長く取り上げられることがなかった。

やがてフロイトにより、神経症やヒステリーと「無意識」のコンプレックスとの関係が発見されたことが、この心身の関連性に目を開くことになる。その後、心と体の深い関わりについて医学・心理学ともに研究が進むとともに、環境問題などからも自然（＝物質）と人間（＝精神）を切り離して考える「二元論」に対してその見直しが迫られることになった。こうした状況に対して禅の弟子丸泰仙は、「ヨーロッパのデカルト主義の終焉と、禅が迎えられた歴史的必然」を言ったのであろう。

## 現象学──身体への注目

哲学が身体を視座に据えた新しい展開を見せることは当然の成り行きであっただろう。メルロー＝

ポンティはH・P・ヴァロンの示した幼児の鏡像現象に注目した。第一章で書いたように、私は在学中よりこの現象に強い興味を覚え、ある意味では私が演劇や舞踏に進むきっかけの一つになったものであるので、少し長く引用しながら、検討を加えてみよう。

（六か月ごろの）幼児が鏡の中の父親の像に笑いかけているとします。その時父親が話しかけてみますと、幼児は驚き、父親の方に振り返ります。その時幼児は何者かを学ぶらしいのです。（中略）声が鏡の中の像とは違う方向から来ることに驚いたのです。

モーリス・メルロー＝ポンティ『目と精神』みすず書房

鏡像への注目は、自分のそれより先に他者のそれへの注目から始まる。このとき幼児は、父親の鏡像にもその実物にも比較的独立した存在を与えているように見える。鏡の中には、父の分身いわば幽霊のような存在があり、それは単なる反射像ではないが、「準実在、欄外的存在」である。その証拠に幼児はまだ鏡の中の像を手でつかもうという動作もする。

八カ月ごろになっても鏡に手を伸ばし、ぶつかると驚く。しかし人に呼ばれると、今度は、「鏡の中のその人の像を見つめる」などの発達が見られる。そして次第に自分自身の像に関心を持ち始める。他人の鏡像の理解より自分自身のそれが遅い理由を、メルロー＝ポンティは、次のように説明する。

自分自身の全体像を外から見るということができないため、自分の場合には鏡像だけがただ一つの完全な視覚的与件である。そのため「鏡の中の視覚像は自分ではない、なぜなら自分は鏡の中にいるのではなく、自分を感じているここにいるのだから」ということ、「内受容性によって感じられているここにいる自分」が、第三者には鏡が見せてくれているあそこのような視覚的姿を取って表れている。それらすべてを結びつける、少し込み入った理解が必要だからである。

メルロー＝ポンティの注目は、知覚の主体である身体とはすでに発生の初期から「主体と客体の両面をもつ」というところにあった。古典的な「自己の概念」と「対象の概念」の対立を乗り越えて、私たちの存在のそもそもの「両義性」をあらわしたのである。「両義性」の萌芽である鏡像体験はより広い場面に敷衍される。つまり身体を中心として「話す—聞く」、「見ること」、「触れること」などについて論を進めた、その全体が、メルロー＝ポンティの哲学を「両義性の哲学」とか「身体性の哲学」と言われるものにしている。

言葉はその人が自分で発音する構えをし、また逆にすべての話者が聞くものの立場に身を置いてみるというのでなければ、理解されることも、また聞かれることさえありません。　『目と精神』

つまり対話というものは単純に、こちらが話し、相手が受け取るというキャッチボールのようなものではなく、話す方は聞く方の身体に入り、聞く方は話す体制を分かち持つ、というのである。

## 間身体性

世界的な演出家ピーター・ブルックはオリバー・サックスの『妻を帽子とまちがえた男』を手掛けた。脳神経科学や精神の病理にかなりの興味を持っていたようで、ミラー・ニューロンと呼ばれる脳神経学の発見について、「この発見は、舞台と観客の間に共感が成り立つ、というこれまで何千年も存在した事実を、(後付けとはいえ)うまく説明する発見といえる」という趣旨のことを語っている。

ミラー・ニューロンは、ジャコモ・リゾラッティらの研究で、サルの運動前野および下頭頂小葉で見つかった。他の人が何かをやるのを見ているときにも、自分がやってるときと同じニューロンが作動していることがわかったのである。ブルックが言うとおり後付けの発見だとしても、ミラー・ニューロンの存在が、舞台の成立する機序をうまく説明していることも確かである。つまり観客は、舞台の上の演技や踊りを身体的に同時進行で生きているのだ。

メルロー＝ポンティの「自己の中の他者・他者の中の自己」の関係を、演じる・踊る身体で何が起こっているか、に沿ってみるとどうだろう。それに関して「模倣と共感」に関して彼の言うところを見てみよう。

模倣は他人による籠絡であり、自己への他人の侵入であり（中略）模倣は〈私の身体〉と〈他人の身体〉と〈他人そのもの〉を結合するただ一つの系の表れです。

〈模倣や物まねは〉ヴァロンの見解では動作を〈黙想し〉〈こっそりと処方しておく〉ような能力を、身体そのものに認める必要があるわけです。知覚そのものにそなわった〈運動的行為の編成の能力〉で例えば恐怖の知覚が、これまでしたこともないような運動の編成となって表れることにもなるのです。（同）

ごっこ遊びから言語の獲得まで、模倣が子どもの発達の根本的要素であることは言うまでもない。模倣なしに子どもが成長するということは考えることもできない。メルロー＝ポンティは、それが可能であるのは自己と他者への相互侵入関係があり、見たものを自らの運動的行為に移すことができる、という能力が知覚そのものにそなわっているからだという。さらに共感については次のように述べる。

共感は模倣行為を基盤としながら、しかも〈自己意識〉と〈他人意識〉の分化が起こり始める時に出現してきます。

共感は自己意識と他人意識と未分化を前提にするものです。共感とは、私が他人の表情の中で生き、また他人や私の表情の中で生きているように思う、という単純な事実です。

（同）

共感が自己と他者の身体の侵入であることは当然であるが、自・他未分化な場所が発生のもとにあり、しかもそれらが分化し始める境界的な段階が重要だ、という指摘は興味深い。鏡像現象で語られていた「見る・見られる」の二重性をはらんだカラダ、そして間身体性が可能にする「模倣・共感」は「演じるものと観るもの」との関係の存立に深くかかわっている。観客の側が演者の演技を同時に体の中で共感する、ということが一方にあり、また演者の側から見ると、能で言う「離見の見《けん》」すなわち演者が外から自分自身を見る目を獲得し、観客のまなざしのもとに自身を演じていくことを可能にしているのかもしれない。

渡辺保は、ある本の中で、歌舞伎役者や能役者における二重の身体について論を展開する。花形の歌舞伎役者がひいきの客の座敷に招待されたときに、客が「お前が……」と絶句したという話を紹介している。それほど舞台の上では大きく輝いて見えた役者の現実の姿とのギャップのことなのだが、このことが示しているのは、「舞台の上の役者の虚構の身体」のマジックである。いつの時点でそのような虚構の身体に入るのか、という問いに対して、ある役者が、「化粧を終えて鏡を置いたとき」と言っているように、日常の身体は、あるときはっきり虚構の身体にスイッチが入るのである。

また能役者の面の微妙な大きさについての記述も面白い。それがほんの少し役者の顔より小さいことによって、いわゆる自然なプロポーションから少しずれた虚構の身体が形成されるとともに、その面の下にわずかに見える役者その人の顔の存在が、役者の上に二重写しにされている役との微妙な関係を作るという。観客はどこかで役者が演じていると知りつつも、そこをすり抜けて動き語る「役」に敢えてさらわれていくのである。

## 二重の身体と踊りの神

役者の身体の二重性と言えば、すぐに思い出されるのは、前にも述べたアントナン・アルトーの『演劇とその分身』だろう。こちらは能や歌舞伎のような「様式」のない世界のことであるので、話は虚構の身体ということからは少し違ってくるものの、役者はその「分身」を担った二重の存在であるという点は同じだろう。アルトーは、メキシコに向けて出発した後、友人ジャン・ポーラン宛の手紙で、次のように分身という言葉について説明している。

私の本にふさわしい表題が見つかったと思います。それは『演劇とその分身』です。というのは、演劇が生に重なるとすれば、生は真の演劇に重なるからです。この表題は、何年も前から見つけたと思ってきた演劇のすべての分身、つまり、形而上学、ペスト、残酷、神話が構成し、人々はもはや体現しないが、演劇が体現するエネルギーの貯蔵所に当てはまるでしょう。分身とは、偉大な魔術的作用因という意味です。演劇はその形態によっては、この作用因の表象にすぎないのです。

アントナン・アルトー『演劇とその分身』白水社

先に見たメルロー＝ポンティの言う「感じられる（内受容的）身体と見られる身体」という両義性を、アルトーの言う「分身」や渡辺の描く舞台における「虚構の身体」と重ね合わせて考えてみると、どういうことになるだろう。

演者の身体は観客に見られることを想定して存在していると言っていいだろうか。舞踏家のうちには、「見られることを考えてはいけない、自分だけに集中して踊れ」という人もいるようだが……。私自身は、観客から見えている姿は自分の踊りといつも二重写しになっている。いずれにせよ私はいわゆる自己顕示の意味で「見せる—見られる」を論じているわけではない。メルロー＝ポンティやラカンの言う存在論的な次元で、私たちは他者のように自分を見ることを初めから獲得し、自己像を把持し、言葉を使って対話するという意味で、他者（観客）から見られることを想定しているというのである。

観客は単なる立ち合いではない。観客は私自身でもあり、ともに何か非日常の時空、異界に旅立とうとする目である。演者はそういう構造のもとに、見られる身体（鏡像の身体）を先取りし、その部分をこちらから「こう見えるように」と主導権を取って創造しつつ、その瞬間を共に生きる。ラカンの言い方で言えば、他者から見られる自分の像を担うことは、他者の目に「籠絡」されることであった。しかしそういう籠絡という立場をさかさまにするということも可能なのではないだろうか。

それは自分というものをなくしたときだ。空っぽのときだ。土方巽は、「自分なんか振り回しているダンサーは人形にも負ける」と言っている。「空っぽ」であれば他者の目にすっと入る。自分が他者なのだから、そして他者は私なのだから。

さらにそれは自分でも他者でもない、もっと大きな踊りの神様に手とり足とりされて、自分ではない自分を踊らせる、演じさせるというところに昇っていく。自分でもあり観客でもあり、その両者を超えたものでもあるものが虚構の身体を創造し、同時にそれを担っている。他者の目を能では「離見の見」として重視してきたが、他者の目がだれか一人の目ではなく、実際の観客を超えた理想化された集合体の「目」のようなものになったものが、踊りの神様なのかもしれない。そしてそれがアルトーの言う「偉大な魔術的作用因」であるかもしれない。

日記から

二〇一〇～二〇一一年

・アノネ、私本当に第三の目もったトカゲを見たことあるんですよ。縦に目があってね、瞬きもすれば目玉も動くんですよ。

目は開けていても、ほんとうは盲人の感知力や動物の嗅覚のようなものの方で見ること。

・地面を吸い込んで立ち上がると、古代からの生物の力が無言で立ち上がり私の細胞のすみずみを満たす。充満しているのにとても軽い。無重力で空気の間を抜けていけるようだ。

目は内にもあり外にもある、至る所にある。視覚と触覚が一緒になった感覚点、それが数万個、印象派の点描画のようにうちも外も満たす。

・微粒子世界。

皮のうちそと。皮はスイカの皮ぐらいになったり、風船のように薄くなったり……。内側も外界の感覚も限りなく微細になってゆく。空気の粒子も感じられる。

同時に時間も細かく粒子化する。

植芝先生が戦争中、敵の撃った弾が止まって見えた、というのは時間が粒子化したのだろう。

・すり足で歩く。霧の中を歩いている時を思い出して、皮膚のうえ、胸にもお腹にもモモにも頬っぺたにも何百万の水の粒が細かく当たる。こんどは水じゃなくて空気の粒子だ。何千万かな？　億かな？　それをくぐる、またくぐる、今、いま、いま、をくぐる。さっきくぐったのはもう今ではない。いつもいま、いま。

## 身体性・両義性と西田哲学

私が見ているから世界はあるのか、死んだらなくなるのか、死んでもある、生まれる前からあった世界なんて、本当に信じられるかという素朴な疑問を子どものころから持っていた人は少なくないだろう。ギリシャの昔から、自分の観念と世界の実在のどっちが先かの哲学論議があった。その西洋二元論に対して、二〇世紀の新しい動向は「両方ありだよ」、「どっちもホントさ」という両義的姿勢になった。これはやはり歴史的に言って大変化ととらえるべきなのだが、実はこの「両方あり」、「どっちもホント」は東洋では何千年も前から言ってきたことである。ことに仏教の教えの中には「一即全、全即一」、「色即是空、空即是色」のように、全体は個々の中にあり逆もまた真、形あるもの（色）は同時に空であり逆もまた真、というような両義性の言葉がたくさんある。

私は帰国するとすぐ、日本びいきの外国人のように、神社仏閣を見て回った時期があった。京都の東寺は空海が仏教世界を庶民にわかりやすいようにと、仏像の配置で曼陀羅を形づくったものであると言うが、その東寺の前に、現代ならではのさらなる工夫があって感心した。それは鏡の断片を組み合わせて一体の仏の体が何千個も何万個も果てしなく映し出されているものである。この姿が「一即多、多即一」、「一即全、」全即一」である、つまり仏は全体でありながら個々人のカラダにもある、ということを現している。「全体なのか、個人の中なのか、いったいどっちなんだ」（たとえば全能の神か個人か）と詰め寄るような西欧哲学に対し、東洋ではどっちでもあるんだよ、全体であって個々人の中に存在しているんだよ、という答えを持っていることは知っていた。でもそう言われても、どこか釈然としない思いを残していた私を、その巨大カレイドスコープの仕掛けは納得させた。

エッ、そんなチャチな仕掛けでナットクしたの？　もっと突き詰めて考えなさいよ、という声もあるだろうが、それでいい。「一即多、多即一」など、理屈でいくら突き詰めてもわからないことのわかり方とは、そういうものだろう。そういう意味で一〇〇〇年以上前、イメージで教えを広めようとした弘法大師の着眼は素晴らしいと改めて思う。

禅仏教の修業のなかから日本独特の哲学を打ち立てた西田幾多郎にも、「心即理」、「一即他、他・即一」など「即」として両義的に結びつけた言葉が多くある。一般には対立概念とみなされてきたもの、たとえば物質界の出来事とみなされる行為と意識界の出来事とみなされる直観を、一挙に「行為的直観」としてまとめ上げた。

西田は自らの意識である「純粋経験」を出発点とする。この「経験」という言葉はフッサールの現象学でいう「現象」にあたる。フッサールが事象は、あくまで意識現象として生じているとしたことと同じである。同じではあるがそれぞれの哲学の基盤というか背景のようなものが違っている。西田の出発点は、「朝打坐、昼打坐、夜打坐」とみずからの日記に書いていたほどの座禅三昧の日々から出発している。

禅で悟りとか見性とか言われる境地。「知る者は言わず、言うものは知らず」と言われるように、その体験は言葉を超えている。西田はその言葉を超えた境地を言葉で表そうとした。そういう意味では土方の著作と同じ意思がある。「言うものは知らず」のそしりを覚悟しつつ、悟りの境地は一応「自己が消滅し宇宙と一体になる体験」と言っておこう。そこでは対象と自分の間に差異が消滅している。その「カラダごと」の体験から生まれたのが西田哲学である。

経験するといふのは事実其儘に知るの意である。全く自己の細工を捨てて、事実に従うて知るのである。純粋といふのは普通に経験と言って居る者も其実は何等かの思想を交へて居る、毫も思慮分別を加えない、真に経験其儘の状態をいふのである。

例へば、色を見、音を聞く刹那、いまだこれが外物の作用であるとか、我がこれを感じているとかいうような考の無いのみならず、此色、此音は何であるといふ判断すら加はらない前をいふのである。

我々は少しの思想も交へず主客未分の状態に注意を転じていくことができるのである。例えば一生懸命に断岸を攀《へん》づる場合のごとき、音楽家が熟練した曲を奏するときのごとき、（中略）また動物の本能的動作にも必ずかくのごとき精神状態が伴うて居るのであらう。（中略）その直接にして主客合一の点においては少しの差別もないのである。

意識は元来一の体系をなしたものである。初生児の意識のごときは明暗の別すらさだかならざる混沌たる統一であらう。

『西田幾多郎全集』第一巻、傍線筆者

舞踏と通底することの多さに感動し、思わずたくさん引用した。ずっと注目してきたように、土方も大野も赤ん坊のような不分明、主客未分化の状態に舞踏の根源的な力があると言っているのだが、西田の純粋経験もまったく同じである。元来一つである根源的統一は、「自分」というものの判断を捨てたところから始まる。

それは動物の本能や芸術家（音楽家）の没頭した精神状態でもある。私は、舞踏をこうした認識論や存在論の転換ととらえることが大切であり、それが欠けていたために、さまざまな誤解や逸脱が生じたのではないかと思っている。表層的な問題に足をすくわれる前に、舞踏の提起は、「人間の分別を超えた大きな力から根源的ないのちを汲み取ることを言っている」という視点に立ってとらえなおしたいと思っているのである。

岡山市の私の実家の近くに、世界中から修業を目指して何千人もの人々がやってくる臨済宗の寺、曹源寺がある。私自身も座禅を少しそこで学んだ。私はそれほど修業を積んだわけではないが、何十年も修行をした僧たちと話をする機会に恵まれた。そこで聞いた話で印象に残っているのが、「大摂心（長い座禅期間）の後、外の世界が印象派の点描画のように輝いていた」という言葉だ。

これはすぐに、前述したオルダス・ハックスレーの『知覚の扉』に書かれていたメスカリン体験を思い出させた。つまり見ていたバラの花が輪郭が消えていき絶対者の輝きを見せた瞬間や、また眼前の椅子が「椅子が私であり、私が椅子である」という状態、つまり自・他の境がなくなる体験などである。ハックスレーはこの体験から鈴木大拙の書で読んだ禅のことが「日を見るように」わかった、と言っているから同種の体験であるに違いない。

西田は主観と客観の分裂状態を克服し、対象を自己自身としてとらえ返して、意識の根源的統一を求めたのであるが、その基盤にあるのは禅の「体験」である。「体験知」と私は呼びたい気持ちであるが、まさに彼自身の言う「行為的直観」は、机に向かった哲学者のアタマの思考の中からではなく、座布の上に座りゆっくりと糸のように細く長い呼吸をし、カチッと無のスイッチが入る、という禅のカラダの中から立ち上がってくるのである。

生きているカラダは両義的である。アタマだけで考えているとどっちが先かを突き詰めなくてはいられなくなる。踊る体の真っただなか、座禅の無我のただなかから、「闇と光、理性と野生、意識と対象」などのどちらの項も同時に見据え、どっちにも転ばない危ない綱渡りのような場所を駆け抜け、言葉では言えない世界を懸命に言葉にしようとした舞踏創始者や西田幾多郎などに改めて敬意を表したいと思うものである。

## 「踊る身体」論のために

武道家、青木宏之の言葉に耳を傾けよう。

「対立する世界を超えてまず自分が無になることです。融和して自分は相手であり、相手は自分です。すると相手の気持ちの切れ目が分かるので、そこにスパーンと気合を打ち込めば離れた相手をも倒す、いわゆる遠当になるのです。さらに言えば、私がここに立っていて本当に無であれば、大我ともいうべきこの大きな宇宙の心は、私の心であると同時に彼の心でもあるわけです」

湯浅康雄『気とは何か』NHKブックス

座禅の瞑想と合気道の遠当てに共通のものがあるとしても、その静と動の形は対照的に異なっている。これを湯浅康雄は$\beta_1$波で説明する。$\beta$波の速い波は古い大脳皮質から出ており、本能や直観に関係している。一般に前頭部だけに出ることが多いが、超越瞑想というヨガの瞑想では、瞑想がその第三段階に達すると$\beta$波が頭全体に表れるという。青木の場合もそれと同じく、頭部全体に$\beta$波が広がっていたのである。まさに恐るべし。静にして動の秘密はここにあったらしい。自我のざわめきを徹底的に打ち消し、宇宙の心と一緒になったときに、深い直観や本能の力が出るのである。

しばしば舞踏の中でも、「不動・ごく制限された・超ゆっくり」の動きであるべきか、「爆発的な速い」動きかの間で論争じみたものがある。土方巽の舞踏を破壊的ハプニングと思っていた人々は、次のような言葉に戸惑う。

音楽の問題でも表現の問題でも一挙に解決できるものがあるのではないですか。ですからハプニングは不正確だからいやだというのですけど。

「宇野亜喜良との対談」『土方巽全集Ⅱ』

破壊行為に耐えず担がれるメカニカルの若さというものをじっくり吟味して疑り深く取り組んでいかなきゃならない。

「寺山修司との対談」『土方巽全集Ⅱ』

ハプニングもそうだし（中略）肉体を何かの起爆剤として利用する。そこに私はうさん臭さを見ますね。

「澁澤龍彦との対談」『土方巽全集Ⅱ』

そのとまどいは、あの『肉体の叛乱』を踊った狂気のカラダとは思えない、土方の不思議なほどの慎重さに対して向けられている。しかしここで動と静はそんなに反するものではない、という動物的なカラダのあり方に目を向けてはどうだろう。青木の語る「遠当て」が端的に示しているように、動物的な本能のレベルまで降りていくと、それはすさまじい速さでもあり、不動の静でもある。脳波で言えば、瞑想時と同じ状態の静けさを持ちながら、いや持っているからこそ爆発的な破壊力も持ちうる。そしてそれは自己が無になっている「空っぽ」の状態だから成立することである。

西田幾多郎が「座禅の無」のただなかからカラダごとの哲学を生み出したと同じように、もしも踊る身体のただなかからの「身体論」というものが書けるとすれば、それは西田と同じく「多即一、一即他」、「行為的直観」のような「両義性」の哲学になるはずである。私はそういうものを書く人を待望している。私自身は舞踏理解のエサとして、古今の人の書いたものも食べているだけであるから、哲学の専門家から見ればガサガサの隙間だらけであろう。ただ、ダンサーとしてのエサの限りでは勉強したいと思っているので、私の間違いを指摘したり、お教えをいただくことも大歓迎である。

## 即ということ

舞踏に関して「即」で結ばれると私が考えているのは以下である。

「静即動、動即静」：虎は完全な沈黙のうちに近寄り、恐るべき破棄力で獲物を倒す。舞踏はじっと自分に籠もるような重い静ではなく空っぽの無であり、それは「速い動き、闖入、入れ替え」と何ら矛盾しない。

「自即他、他即自」：「自他未分化の根源に帰れ」と土方は言う。それは青木宏之の言う「私の心であると同時に彼の心でもある」という状態と同じ方向に向かっている。自・他未分化の空っぽの舞踏手は、「自即他、他即自」である。自分の中に他者の目を取り込み、他者のカラダに入る。ともに集合的な記憶に出ていって、自分でも他者でもあるような、あるいはそれ以上のものに結びつく。舞踏は自分に閉じこもることではない。空っぽのカラダだけが憑依される。子どもの欺されやすさをもっている。

「生即死、死即生」：「人間のあらゆる体験。魚の体験があるし、植物の体験があるし、両棲動物、（中略）無限にあるんです」、「先人が死んで、魂に刻みこんで（中略）たくさんの積み重ね。死者の恩恵」（大野一雄）舞踏は死の恩恵を受けて踊る。生の積み重ねの果てしない力に支えられて踊る。死体とはゾンビではない。

「空即結晶」：空っぽとは無気力状態ではない。励まされる空っぽである。わかりやすく言えば、自分がないぶん、もっと深い力が別のところから湧いてくるということである。土方は、「溢れる、漂う、浮遊する」という状態と「突く、剝ぐ、ひび割れる」という硬質な直線的上昇の二重奏を突き詰めていくと、「直線と屈折によって浮遊するものを切り捨てた天然の錬磨術の包囲によって、結晶となって発見される」と言う。「空即色」の色、つまり形と結晶という言葉は似ているが、より集中力と浄化力の高いものであろう。「浄化作用、この結晶の持つ非日常世界の展開は、さらに舞踏によって切り開かれる」（「遊びのレトリック」）。空っぽという言葉の通念から、無気力に漂い浮遊するものを想像してはいけない。この空っぽは動物の直観と子どもの欺されやすい憑依の力をもって、浮遊したものを切り捨て、直線的上昇を遂げ結晶化に向かう、そういう無である。

# 第六章　地球に踊る

## 日本と魑魅魍魎

二〇〇三年ごろから、私は日本とヨーロッパを行ったり来たりの生活を始めた。そうすると両方の国のことがもう少しわかり始めた感じがする。あらためて古今の日本の姿をとらえ、また世界各国のワークショップの風景やその後の創作活動などを紹介しながら、「踊る」ということについてもう一度考えてみたい。

長く日仏文化会館館長をしていたオーギュスタン・ベルクの研究（『風土の日本——自然と文化の通態』筑摩書房）は舞踏を考えるうえでも大変参考になる。

フランスの国土面積中三〇パーセント以下の森林面積に対し、日本は七五パーセント。しかも湿度が高く独特の濃厚な森林の風景を作り出している。ベルクは、「かつては天狗をはじめ魑魅魍魎《ちみもうりょう》がすんでいた濃厚な森、いまでも他の国々より原生林保存の割合が格段に大きい」とし、「世界に類を見ない豊かな日本の森林」に驚嘆しつつ、日本人の「自然に対する独特の態度」、ことに「ヤマ」（語源的に山と森の意味を合わせ持つ）と「山の神」に対する信仰を強調する。また和歌では季節を読み、茶の湯では季節の飾り付けをして、と耳をそばだてるようにこまやかな四季の気配を感じ取ってきた、数千年の「心」に注目する。

谷崎潤一郎の『陰翳礼讃』も多くのフランス人に読まれているが、日本人独特の暗がりに棲む者たちへの親しみ、柳田邦男の書き留めたカッパや天狗や座敷わらしと生きる生活、魑魅魍魎の森と「山の神」への信仰などの「にっぽん人の古いＤＮＡ」は舞踏の源泉だろうと思う。私が二〇〇〇年を過ぎて里心に見舞われたのも、こういう魑魅魍魎のヤマ、カッパや天狗の国の風土や、ラジオで聞いた『江差追分』だった。私は人にどうして日本に帰るのと聞かれるたびに、「森が違う、樹が違う」と答えていた。けげんな顔をして「世界のどこでも森は森でしょう?」と言われたが、私の記憶の奥底には魑魅魍魎の住む日本の森があった。

こんなに動物レベルで心底「ニッポン人」である私だが、それでも私はヨーロッパに舞踏を導入するにあたって、日本を売り物にしたことはなく、むしろアルトーだのミショーだのを相手にして、着物で踊ることすら自分に禁じてきた。ただし一度フランスに住み始めたばかりのころ、演出家の指示で着物を着たことがあった。それがフランスで出版された『欲望と誤解の舞踏』（シルヴィアーヌ・パジェス、慶應義塾大学出版会）に写真入りで、しかも東洋趣味について書かれたページに載っている。油断大敵！　である。

## ヨーロッパのワークショップ

フランス在住時から続けてきたワークショップは、現在は年に数カ月の渡欧という形で続いている。なかには三〇年も続いているところもある。ギリシャ・クレタ島もそのひとつで、写真は身障者イリニが「気」の稽古を組み手でしているところ。彼女は足腰にも少しずつ力が入り、アテネオリンピックの開会式にも出場した。

フランス中部アルデッシュ山地にある禅道場「直心館」でもワークショップを行った。日本で臨済宗を学んだ僧が開いた。朝は座禅、自然の中での稽古、午後は道場での稽古と充実していた。南仏セヴェンヌ山中のケルト遺跡の中や、チェコの森と水の中でも踊った。

クレタ島でのワークショップ

フランスの禅道場でのワークショップ

## ケルト人と地球の経絡

南仏に私にとって大事なワークショップがある。そこはフランス南西部のセヴェンヌ山中。ケルト人の立てたメンヒル（巨石）が一本立っているだけの、電気もガスもないところだ。紀元前のヨーロッパ大陸に広がっていたケルト人たちは森の樹木や薬草などに精通し、星の進行や冬至・夏至などに依拠する文化・宗教を持っていた。キリスト教はメイ・ポール（五月祭）やクリスマスなど一部を取り入れ、多くの部分は異端・野蛮として廃止した。薬草やヒーリングなどに精通した女性たち（一種の医療従事者）は、後の魔女のイメージにつながっていく。西に追い詰められたケルト人たちの儀式の場所、ドルメンやメンヒルの遺跡がスペイン・フランスの西海岸、ブルターニュ・スコットランドへ続く線上に並んでいる。後の地質学者たちの調査で断層のラインとぴったり一致したという。地面からのエネルギーが強く出る断層部分が彼らには感じられたということだ。「地球の経絡！」と私は思った。

南仏セヴェンヌ山中のメンヒル（巨石）

断層面に点々と並ぶ巨石遺跡は中国医学の「経絡」をすぐ

に思わせた。鍼灸師がカラダの気の「経絡」に沿って点々と針を打つように、メンヒルは「地球の経絡」に沿って点々と建てられている。何千年も前に、体の気を感じ皮膚近くに表れるツボをとらえ、経絡図を明らかにした東洋医学にも驚くが、地理学の知識のなかったケルト人が、断層のところで立ち昇っている地球のエネルギーを肌で感じ取ったということもまた驚くべきことだ。猫がネズミを取らなくなり、お座敷犬が走れなくなるように、私たち人間の感覚も数千年前に比べて確実に弱ってきたようで、メンヒルの前に立つとそれを見せつけられるような気がする。

セヴェンヌ石切り場でのワークショップ

エネルギーに満ちたセヴェンヌ山地には、ケルト以後もさまざまドラマがあった。カトリック教徒のプロテスタント大虐殺、フランス革命時の王党派の残党と革命軍の戦いなど。日本でいえば、平家の落人の谷のように鬱蒼として、追われるものたちの最後の隠れ家の雰囲気がある。

セヴェンヌに逃げた最後の一団は二〇世紀のヒッピーたちだった。一九六八年の「五月革命」のなかで都会の生活を捨ててフランスの各地方に向かった若者たちのうち、険しいセヴェンヌは筋金入りの人たちの場所だった。私たちのワークショップの場所を拓いたジャッキーもその一人。倒れて半分埋まっていたメンヒルを掘り起こし、峠のてっぺんに立て直し、開墾して育てた野菜を食べ、ミツバチまで飼っている。病気や怪我もケルト人たちのように薬草で治す。

ワークショップの参加者二〇人が、朝はメンヒルのまわりや、時には川の中に入ってトレーニングをした。二〇一六年夏、石切り場跡で、「擬態。トカゲのように石に溶け込んで見えなくなる」訓練をした。「いま動いた人、猟師に撃たれるわよ！　息もニンジャのように止めて！」などと叫んでいたことを思い出すと笑ってしまう。

このセヴェンヌのワークショップはもう二〇年以上続いており、なかには、「へえ、舞踏ってこんな力があるの」と私自身が驚いた出来事もあった。それはソフィーから、次のような手紙を貰ったときのことだ。

## ソフィーの手紙

「二〇〇〇年の夏の前、自動車事故の後遺症が続き整骨師のもとを訪ねました。一回目の治療で、この頭蓋骨のゆがみを元に戻すにはだいたい一年、数セッションの治療が必要だと言われました。それから一月後、私はスマコ・コセキの舞踏ワークショップに参加しました。始めはひどい頭痛に襲われたのですが、何とかワークショップを最後までやりぬきました。

九月、二度目の治療のために整骨師を訪れました。すると検査の結果、正しい位置に戻っている、もう治療の必要はないと言うのです。すぐにワークショップのおかげだと思いました。そこでカラダと心の扉を開き平安を取り戻したことで、頭蓋骨も元の位置に戻ったのでしょう。整骨師も『不思議だ、そのワークショップを見てみたい』と言っています」

セヴェンヌで。左端がソフィー

セヴェンヌの山で踊り、夜はろうそくをともして（電気がない！）踊り、満天の天の川の下でワインを傾け語り合ったりした。これらすべてが彼女を治したのだろう。

### チェコの森

チェコの深い森に囲まれた渓谷に初めて行ったときは、デジャ・ヴュのような懐かしい、地球の胎内にいるような感じに襲われた。彼らとの付き合いも一五年以上になる。始めはアリアンス・フランセーズ主催で、フランスのアーティストとして呼ばれた。プラハ市内のイサドラ・ダンカン・センターが会場となった。ダンカンの即興ダンスは舞踊界に新風を吹き込み、ロシアのツァー（皇帝）の前でも踊り、最後はニースで自動車にスカーフを巻き込まれて死ぬ、というドラマチックな一生をおくった。スラブ諸国に影響力を残すイサドラと関係のあるこのセンターは、高校生から入り、半日は学科、半日はダンスの授業を受けるシステム。若さに加えて、「毎日何時間も踊っているとこうなるのか」と驚くようなエネルギッシュなダンサーたちに囲まれて、舞踏を教えたり公演をしたりした。

チェコの森の中のワークショップ

チェコの水の中のワークショップ

アリアンス・フランセーズの契約は三年が限度で、私のチェコでの仕事もおしまいと思っていたら、なんと生徒たちが、「それならぼくたちが企画するから続けて」と言ってきた。当時のチェコはまだ貧しく、国家がらみのそれまでの事業のようなお金ができるはずもないのだが、彼らなりの工夫を凝らして成立させた。

それがいまでも続いている、夏休み中の小学校を（ただ同然で）借りてのワークショップ。プラハから一五〇キロほど北へ行った丘陵地帯で旧避暑地のフリプスカ村である。教会とパブが一軒あるほかは、旧ドイツ占領下のステキなセカンドハウスがあるだけだが、ちょっと歩くと深い森と谷がある。写真はそんな渓谷。岩も木も巨人のように大きく自分が小人のようだ。ボヘミアにもケルトやスラブ系の遠い祖先がいたのだ。確かに黒い森でキノコやベリーを摘みながら笑いさざめく彼らを見ていると、森の民族の末裔と感じる。またドイツ国境に近いので、グリム童話の赤ずきんとオオカミも出てきそうな気がする。

短歌日記

春から夏

ブルターニュに横に降る雨夕暮れて人らクレープ焼けるを待ちをり

空いっぱいひかりの蜜の垂るるつき五月がこつりとひとを死なせる

七月の火の階段を上るとき子どものときの海の照り見ゆ

舞踏

わがうちの爬虫類脳そつと立つ夜半にしづかに雨ふりはじめ

癌の軀で踊りし君を管つけたアステアなどと言ひて目守りき
クレタにて七つ星あり白しろと波かしら寄る暗き海あり
登り来て山は開けしセヴェンヌに花食ふ人の作りしサラダ
東欧の森に甘酸い実を摘みてさまよひゆかむ赤ずきんまで
ボヘミアの野に満月を残し来ししづかに猫のみづを呑む音

うぶすな
世捨てとふ言葉がふいと上り来るジェット・ラグの触手に絡まり
国籍の欄を見詰むる鳥ならば「ちきう」と書いて飛んで行かむに

Half
地に生ふる根なくば爪をHalfとは二つの異郷に立ち尽くすこと
秋の日にパチンとつめ切るはさみの音　君は遠くの国を語れり

甘き歌声
空いちめんかがやく夕べ疾駆するバックミラーに墜ちゆく日輪

僕たちに似た歌だよとモンタンの声の甘さに「枯葉」は落ちよ

## ユングの集合的無意識

土方巽の文章の中に、子どもだけがはぐれたものを取り戻そうとする、ということが書かれていたが、心理学のC・G・ユングもまた、子どもの世界の中に根源的な力を汲み取っていた。ユングの言う「調教・純化」は、ぴったり土方の「飼い慣らされた」の表現と符合している。

さらにユングは心の奥底にあるものがとる形を求め、曼陀羅のようなものに出会う。また元型（アーキタイプ）という、心の奥にある恐れや導き手としての人間の型のようなイメージを、さまざまな異なった神話やおとぎ話の中に見出した。それらについて国や民族の違いを超えた「集合的無意識」という考え方を提起して、治療の過程を、個人史的分析を超えた、集合的無意識のカタルシス（浄化）ととらえた。集合的無意識のカタルシスは分析医の治療室ではなく、神話や古代からの演劇などの中でずっとなされてきたことである。

私たちは自分によりはむしろ動物あるいは原始民族によく本能を見て取ることができる。直観的把握の活動を最も容易に見つけられるのは原始民族の場合である。そこでは神話の基盤をなすある種の類型的な原像と動機がいたるところに見つかる。

C・G・ユング『自我と無意識』

かつて共同体には生と死のプロセスを経て新しい活力を復活させる仕組みがあった。この「生と死」のプロセスは、ケルトでも最も生の力が弱まり、そして復活に向かう冬至の祭りとして重要なものであり、キリスト教がこれをキリスト生誕の日、クリスマスとして取り込んだことはよく知られている。また第三章の「ワザオギ」で見たように、日本でも古来冬至のころに「タマフリ」と呼ばれる鎮魂祭、すなわち治政者の力の復活の儀式があった。

共同体の祭りのなかで生まれて生きてきたワザオギを思うとき、舞踏に限らず舞台という場が役者やダンサーが観客とともに死と再生に関わる、得体のしれない何かを分かち合い乗り越えようとしていく場であるという感を強くする。そうであればこそ、舞踏が内向的、個人的な踊りだという誤解があるのは残念である。

演劇や舞踏が「観客の立会いの下に成される行為」であることはとても重要な一点である。深層の情動、生《なま》のエネルギーの表出が、個人的な勝手な暴発ではなく、観客の前で舞台上の行為として踊られるとき、踊り手と観客はともに何かを越えるのである。演者と観客の「集合的無意識」が通底し、ともに浄化されるとき、演劇や踊りがその特別な力を現す、とまで言うとあまりに図式的すぎるだろうか。

それでも私にもだんだんわかってきたことがある。演者が観客の側から自分を見る目、能でいう「離見の見」のようなものである。調子のいい舞台では自分がなくなっており、お客さんの目から自分自身の姿が一挙手一動見える。そしていま何をすればよいかが直観的にわかる。一秒一秒が、空気の粒子が砂粒のように大きくなる。

ユングの注目した心の闇（シャドウ）を反映する元型のなかで、たとえば二面性を持ったグレート・マザー。やさしく保護し、食物を与えるもの。だけど呑みこむもの、深淵。そのような日常生活では表出のはばかられる心の奥のコンプレックス（複合体）を神話や演劇は遡上に乗せる。

舞踏も、割り切れないものを抱え込んだ体の無意識を一瞬の間、照らし出す。形にならないものに、何らかのかりそめの「形」を与えることは実は大切なことである。精神分析では、もつれた心の糸に「言葉」が与えられたときを、治療の大きい進展とする。また能では、演者はこの世に恨みを残してさまよっている魂であるが、観客の前で演じる、ということを通じて成仏する。他者の立会いが「意識化」と「形」に結びつき、無意識の闇に光を当てて、ともにカタルシスに向かうところに、舞台というものの大きな力があるのではないだろうか。

## 玉三郎の「自分がいなくなる」

坂東玉三郎が二〇一一年、京都賞を受賞した際に行った記念講演にはハッとする言葉があった。その概要は以下のようなものである。

幼いころ小児麻痺をしたため、リハビリのように始めた踊りがとにかく好きだった。自分は難しい性格で、一人でうちにいることは怖い一方、大勢の人と会ったり話したりというのも苦手だった。そんなとき一番自分を忘れられる時間が「他人になっているとき」だった。自分以外のものになって踊るのが一番楽しく、自分がこの世からいなくなるようであり、自分が見られているという圧迫がなくなった。こうして、舞台の上でこの世からかけ離れた自由な時間を過ごして、自分を開放するという時間を選んだ。

小さいころから死を身近に感じていた。そして時間を感じないほど楽しいことをやっていられるときは幸せだ。舞台をつくっているとき、演じているときは、身も心も投じて夢中になっており、時間がアッという間に経つ幸せなときである。

踊るということも、心と体が引力に吸いつけられているというのではなく、空中に浮いているような気分。いわゆる「舞った」気分、すなわちこの世の中に縛られていないという気分である。

この世界的な女形の口から語られた、「他者になること」への子どものときからの情熱に注目したい。子どもは他者になるお芝居ごっこに多かれ少なかれ夢中になる。他者になることは芝居の原点であり、無名塾の指導者、宮崎恭子も言うように、変身の欲望が古代から人を突き動かしてきたのだろう。

それにしても玉三郎は、女形という男性の自然な生理から完全に「他者」である世界に入ったところが、運命だと思う。さらに、踊ることは日常の束縛から逸脱すること、「舞った」気分の話など、さすが歌舞いた世界はしゃれて粋である。だから土着的な舞踏などとはほど遠いように見えるが、根本には共通なものがある。「他者」になる舞は、原始の巫女が採り物を取って神憑りで踊ったというワザオギに延々と連なっている。

「遊びをせんとや生れけむ、戯れせんとや生れけん、遊ぶ子どもの声きけば、我が身さえこそ動がるれ」

「舞え舞え蝸牛、舞はぬものならば、馬の子や牛の子に蹴させてん、踏破せてん、真に美しく舞うたらば、華の園まで遊ばせせん」

『梁塵秘抄』

一二世紀に当時の民唱を集めて編まれた『梁塵秘抄』。生き生きとした人々の姿が目に浮かぶ。ワーワー言って走り回る子どもたちの声も、貧しさと労働の中で「遊びこそ人生の目的」と見定めた日本人の姿も。カタツムリをマイマイというのは舞え舞えだったのか！　およそ美しい舞いと程遠い生き物に、「真に美しく舞ったなら華の園まで連れていく」というちょっと残酷でシュールな感覚。調べたらマイマイは本当に子どものはやす声から出たらしい。子どもにとっては、あののろさがじっくり観察したり、とり巻いて囃し立てるのにちょうどよかったんだと気がつき、また当時の舞は、カタツムリが角を左右に振り身をゆっくりくねらせて進むくらいのスピードだったか、などと想像するのも面白い。

そこで舞いという言葉が気になり、そういえば板東玉三郎が「舞った」気分と言っていたけど、歌舞伎では「舞う」というが、普通には「踊り」というのでは、と気になった。私は「舞踏」（BUTO）を説明するときに、「舞」（BU）は横方向で空中の中で舞う、たとえば木の葉が舞うというように使うと言う。「踏」（TO）のほうはもともとは踏むという言葉だが、それは赤ん坊が地団太踏むように、情動のもっともプリミティブな発現であるとともに、踏む行為は、神事や農業の地の神に対する儀式としての象徴的意味も持ち、巫女やトランスにも関係していると説明してきた。改めていろいろ調べると、「踏む」という動作は歴史的には、道教の歩行呪術の反閇《へんばい》に発し、さまざまな儀礼や作法、舞踊の基礎などに取り入れられた。陰陽道、修験道、密教などの呪法を始め、神道の歩行作法、田楽や神楽、念仏踊り、歌舞伎の六方、能楽の足さばき、相撲の四股、などにも及んだとある。またアメノウズメノミコト（天宇受賣命、天鈿女命）が「うけふね」の上で足を踏みならし、鉾で一〇回突くという儀式も重要なかかわりを持つという（日本文明研究所の資料による）。

この資料によると、舞いと踊りの区別については、「舞いは旋回など横の動きを言い」、「踊りは跳躍などの縦の動きを指す」とだいたい私の説明で合っているようだが、ほかにも、「踊りは念仏踊りのように主として宗教や庶民の中に広がり」、「舞いは伎楽や仕舞のように主として上流社会のもの」という分け方もある。それならマイマイの語源「舞え舞え」は、まさにゆったりとしかも横の動きしかできないカタツムリにぴったりかもしれない。

そして玉三郎の「舞った気持ち」も、宙を舞う（引力の影響から自由とも言っていた）気持ちであり、跳躍的な縦の運動を含む「踊り」ではダメなのだから、これでよいわけである。

新歌舞伎座のこけら落としを前に、市川猿之助が行った講演もきわめて興味深い。先ほどの玉三郎といい、やはり伝統芸能の世界は、親や先輩からすでに何百年も培われてきた遺産を受け継ぐので、初めからレベルが高いということだろうか。猿之助は、念仏踊りから歌舞伎が発生し、屋外から室内へ、ただの踊りから物語性を持つまで、能楽堂からいまの歌舞伎舞台へとどんどん変わってきた、というような歌舞伎史を語るのであるが、私が一番面白いと思ったのは次の事実だ。

それは、「舞台は屋外でやるのが普通だったが、観客はおしゃべりするは物は食べるは喧嘩はするは、好き勝手している。それは元々は神に捧げるものとして始まったもので、観客は野次馬に過ぎない。そもそも観客は想定外だから、そんな観客は気にせずに舞台は進むものだった」というのである。

いまでこそ歌舞伎座は、新しい着物を新調して行くような高級な場所のようになっているが、昔はやじ馬がワイワイ騒いで見ており、演者はそんなものは気にせずご奉納の芝居をしていたというのが面白い。私がもっと笑ってしまうのは、そんな説明をしている当の猿之助は、いまやスーパー歌舞伎の旗手であり、お客さまへのエンターテインメントに徹していることだ。お客さまは神様でやじ馬どころではない。私も何度かその舞台を見たが、小柄な体にエネルギーを漲らせ、たとえば見得を切る前の手の動きなどは、ひらひらと親の時代よりは数多く振っているのではないかと思うような精一杯のエンターテイナーぶりで、やはり魅力的であった。

ずっと昔に読んだ武智鉄二の本では、舞いと踊りについて少し違う切り口で説明していた。それは、舞いは基本的に二拍子であり日本の先住民族はこちらのほうであった。そこに騎馬民族がやってきて三拍子の踊りを持ち込んだ。二拍子が気持ちを安定させるのに対し、踊りは三拍子の躍動的リズムを基とし戦闘的な性格を持つ、というものである。武智は日本の起源についての並々ならぬ関心から、舞いと踊りについてもそういう見方に力を入れていた。さらに大和朝廷の統制のなかで、多様な踊りの中から消えていったものの多いなかで、不思議な縁で生き残った「筑紫舞《つくしまい》」のことが書かれていた。

筑紫舞は筑紫《つくし》傀儡《くぐつ》と呼ばれる人々によって古来伝承されてきたとされるが、中央に統制された踊りとはまったく違う様相、跳躍や回転を取り入れた独特の足遣いを持ち、いわば秘儀のように口伝されてきたもの、とドキドキするような話。単一民族として一色に塗りつぶされたこの国に、ひそかな風の道を通じて生き続けてきた隠れた舞踊があった、というだけでワクワクであったが、さらにそれを現在に蘇らせた伝承者の話がまさに「小説より奇」なる話だった。

伝承者の西山村光寿斉の父親は神戸の裕福な芸能好きで、そこに目の見えない箏曲家、菊邑《きくむら》検校が出入りしていた。少女だった光寿斉はその検校にねだって筑紫舞を教えてもらった。その後、九州の古墳群の祭祀の際に、若き日の光寿斉の姿があったりと、不思議な話がありながら西山村光寿斉が初代宗家となったのだ。

そのころパリの世界文化会館の館長から、「パリの日本通はもっとレアな日本の文化を求めているが、何かないか」と聞かれていた。それで武智鉄二の本で「筑紫舞」のことを知ったとき、「これだ!」と結びついた。これをパリに紹介したいと、西山村光寿斉に会いに九州まで行った。一年後、願いかなって「日本の今と昔」というテーマで筑紫舞と私の舞踏公演が行えた。日本でもあまり知られていない筑紫舞を何百人かのパリジャンに見せることができた。内心ちょっと得意だった。

## をどるたましひ(L'âme dansante)

私は踊っているときに、どんなふうに感じているか、それを少し記してみる。

・時間がものすごく速く進んでいるようでもあり、また止まっているようにも感じられる。体重がなくなって浮いているようでもある。細胞なのか原子なのか？　極小の粒子を体のすみずみを埋める。太古からの石になる。不動でありながら細かい粒子は生きて輝いている。雲母？　石英？　そんな極小の砂のようなものをジャリジャリと、あるいはサラサラと、あるいはねっとりと動かして踊る。

・そのうちに、水を流そうと思えばすぐに流れ、極小感覚は持ったままそれらのあいだがつながり、魚のような、軟体動物のような流れをつくる。また肉の密度が上がって背中のほうに火が燃え出して、怒った猫のようになったり、フラメンコになったりする。足もカツカツ出てゆく。

・それからはまたふっと柔らかくなったり、ぐにゃっとなったり、またカツッとなったり、カラダにはいろいろな状態や要求がある。もちろんぐにゃっとなった途端にだれかがカラダの中に棲み始めるので、そいつに任せる。そいつはどんどん柔軟になってみたり怪しげなやつになったり、「桜の園」の女主人になったりする。それから急に背骨が伸びて顎がひけたりすると、カッとした存在になってあたりを睥睨する。桜の園にも「しっかりしなさい、次の時代に進むのです」としかりつける。

・踊る体はいくらでも泳いでゆく。昔見た風景、見なかったものの記憶まで見る。

・柔らかい動き、固い動き、急激な断絶で威張りくさる、カラダ全体がニッコリする。夕日が壁にオレンジ色に当たりだしてるな、手をかざそう。なんて暖かな没落。オレンジにたっぷり浸かった貴婦人が、ピシャピシャと裾を濡らしてゆく。

・オヤ、――さんじゃありませんか、どうしてるんですか、イエ、それがね……手をひらひらさせながらやってくる。パリの一〇区の通りを一緒に歩いたKさんのようだ。もう死んでいるんですね、あなたは。

・カラダの中にも外にも蝶々が飛び始める。飛ばれているのか飛んでいるのか……。おー蝶々けっこう強い、私のカラダを運ぶつもりらしいぞ。ブッ飛ばされてるねー、やーい、やーい。エイッとつかんだぞ。

・皮をむく。玉ねぎのように？　ええ、いや、なんだか糸を引いているようです。糸引き、糸引き。納豆よりもカイコよりも細ーく細ーく、それで編み物です、肘や膝は編み棒です、自分で自分を編むんです。おかしいーでしょー。まだまだ編むんです、編むんです、鶴の恩返しが、痩せても枯れても……。

・できました！　サーッと広げましょう、広げましょう、見事な見事な……何でしょう、わかりません、でも見事な、裳裾を引いてゆきましょう。さら、さら、と。

ハイッ、今日のカラダはここまでです。

## 二〇〇〇年以降

二〇〇五年ごろには正式に住民票も日本に戻して、それまでとは違う形のヨーロッパとの関わり方になってきた。フランスに住んでいたときのように、カンパニーや劇団に呼ばれて三カ月も稽古と本番で関わる、ということができなくなったので、勢い公演活動はソロが主になってきた。それはそれで自分の踊りをじっくり見つめる機会になったと思う。二〇〇五から二〇〇八年にかけては“Femme 100 Visage”という作品を作り、少しづつ進化させていった。このタイトルはFemmeが女という意味。次は数字の一〇〇を書くのだが実はフランス語では一〇〇（cent）はsans（〜なしの）と同じ発音である。Visageは顔の意というわけで、これは「百の顔を持つ女」と「顔のない女」の両方にとれるようにした言葉遊びのタイトルである。

　この命名はフランス人もすごくいいと、たくさんの人が誉めてくれて、ちょっと得意

『Femme 100 Visage（百顔女）』2008年

だった。ほかのストーリーやテーマなんかいらない、「自分というものがなくなって、どんな人やモノにも憑依する舞踏体」そのものをテーマにしよう、と決めた作品だった。たとえば仮面を後ろや横に移動させてゆくと、カラダはそのつどそれぞれの位置でそれぞれに命を持つ。そしてそれらをすべて抱えた百顔女は、顔のない女でもあった。

そうこうしているうちにアヴィニヨン冬季ダンスフェスティバルに呼ばれた。アヴィニヨンは、かつていまのバチカンに当たる法王庁が一〇〇年足らずだがあった町だ。

だから宗教的な建物はどれも本物の命を持っている。カツカツとすり減った石畳の道を歩きながら、この町を通った馬車の轍、顔を隠し麻紐で腰を結わえた僧たち、市場で物を売るおかみさんの声、などが聞こえる気がする。昔小さなキャバレーでオフで（フェスティバルには正式招聘されるインと、自前で小屋を借りるオフがある）踊っていたころ、「ああここで踊ってみたい」とあこがれていたペニン・ブランという荘厳なチャペルで今度はインで踊ることになった。チャペルの荘厳な雰囲気、特にドーム型の高い天井から特別な光が降り注いだ。

スロバキアのブラチスラバでも思い出深い公演があった。『金と粉』という作品で、金色を主にした輝かしい（衣装、小道具も）踊りが次第に粉々になっていくような世界が踊りたかった。ブラチスラバのお客さんは熱狂してくれたが、あるジャーナリストが次の雑誌の表紙にしたいからと撮影会まででした。踊り終わって外に出たとき、二月の東欧の空に粉雪が舞っていた。みんなで「ああ、舞台とおんなじパウダーだ、パウダー」だと喜んだ。こんなに軽いパウダースノーは生まれてから見たことがなかった。降って落ちてくる雪がほんのわずかの風のそよぎでまた宙に上っていくのであった。

そのころは日本と行き来していたので、日本でも公演をした。だけど何と言ったらよいのか、しばらく勝手がわからなかったのである。不思議だが、一九七〇年代の終わりにフランスに身一つで渡り、知る人もほとんどないところからゼロで始めた。自分を更地にしたいような気持だった。そこからの舞踏人生は更地の上で、アノニマス（匿名）な人間になってやってきた。私はすでに私でなかったので、憑依しやすいカラダになっていた。それが日本に帰った途端アノニマスではなくなった。三〇年間トーダイなんていう名前を知らない人たちの中で一舞踏家としてやってきたのに、ここでは昔の知り合いもいれば、こんなに時間がたってもまだ「〇〇出の」というラベルをペタッと私に張りつける人もいて、私は踊れなくなった。そんなものははね除けて、「本当の私はこれだ」と提示する強さがなかっただけなのだが、萎縮、手探り、というような状態がかなり長く続いた。

『et puits…et puis』2011年、アヴィニヨン

一方では「いまの舞踏」というものがあるらしいと知り、そこにも違和感を感じつつウラシマのごとく立ちつくした。若い人の口から「舞踏は自分探しの場所だ」と聞いたとき、そしてロリータ風の衣装を着た若い女の子が「ワタシ居場所ないっ！」と舞台上で叫び、観客も深くうなずくさまに接し、「あれれ？」と思った。舞台っていうのはそんなに日常的な「自分」の悩みを日常レベルであらわすところだったっけ？　ハレの特別な時間・空間に「自分以外」のものが降りてきてワザオギするところじゃなかったっけ？　玉様も「自分がいなくなる」のが舞台だと言っていたのに、「居場所ない！って何？」とワケがわからなくなった。

『ピアノと舞踏の夕べ』2017年

そんな自己喪失状態の数年のあいだに、「よっ、世界一！」と声をかけたいような舞踏家にも出会うようになり、やはり日本人特有の強じんさと柔らかさを持った肉体、「空っぽのたえざる入れ替え」の本場の強さ（？）は存続しているという感を強くし、私もまだまだ研鑽を積まねばと肝に銘じながらも、うれしくなってきた。でも、日本でも少しのびのびと公演ができるには時間がかかった。

一年半前から移り住んだ岡山でもいくつか公演をし始めた。最新はニューヨークで活躍したすてきなピアニストと大好きなパヴァンヌやショパンのピアノ協奏曲などで共演した。

## 舞踏でつながる

「ヨーロッパ人にも舞踏は可能だと思いますか?」という何百回も受けた質問。そのたびにちょっと答えに詰まる。いろいろなものがあるが、なかには舞踏は海外の人にも可能なばかりか、海外を梃子《てこ》にというか海外を通じて活性化するのでは、という気持ちにさせられる場面もある。もちろん裸白塗りのファッションだけまねた程度の低いものもある。数ではそのほうが多いかもしれないが、なかにはこちらが新しい血に喝を入れられたように感じさせられることもある。そんないくつかの出会いを紹介したい。

セヴェンヌのワークショップにGI刈りの若い男の子が来た。運動神経はいいし繊細さもあって、「いい踊りをしているな」と思って見ていたが、日を追うにしたがって鋭さを増し、川に入って踊っているときに、突然水面をたたきながら冷めたトランス状態のようなすごい踊りになった。終わってから少し話をしたら、「スマコこれを見てくれ」と腹部の傷跡を見せる。銃弾の通った痕だ。聞くと、フランス軍のパラシュート部隊に入っていたが、耳にピアスをしダンスも好きだったのでペデ(おかま）とののしられ、トイレの汚水に顔を突っ込まれるような猛烈なシゴキに合い、たまりかねた彼は、自ら腹部に弾をぶち込むことでそこを出られたという。「こんなに思いっきり踊れて満足だ！」と晴れ晴れと語った彼の踊りは土方巽の言う「命がけ」の理由を持っていたのだ。

ギリシャのクレタ島でのこと。Ｉは生まれつきの身障者である。普段は松葉づえが放せない。踊るときは四足で踊る。あるとき私はハエのエチュードを提案していた。空洞の体の中を一匹のハエが飛んでいる。ハエはだんだん力を増して、空洞の体の内側のあちこちにぶつかりだす。さらに強力化して体が持っていかれるようになることもある……と言ったとたん、Ｉの四つん這いの体が二メートルほど上に飛んだ。この高さはいまも語り草になっていて、「二メートルだった」、「いや二メートル半はあった」と尾ひれもついている。本当に何かの生き物が体の中にいるように、虚構のハエに完全に（障害のある）体を任せたのだ。そのワークショップには有名なピナ・バウシュのグループに属していたダンサーも参加していたのだが、みんなの視線はＩにくぎ付けだった。

チェコのワークショップで「病める舞姫」というテーマを研究していた。みんなボーイスカウトやガールスカウトを子どものときにやっているような健全な彼らには、「病める」が意外と難しい。東北の風景や衰弱体のことなどさまざまに説明を試み、また関節を外すような動きなども研究し、とあれこれやっているなかで、あるフラメンコギターの音楽をかけた途端、Ｍが素晴らしい踊りを始めた。これまで目立つこともなかったＭが急に、まさに舞姫が憑依したかのような踊りを始めた。長身で骨ばった男の体から、奇妙な女性性がかくもとどまるところを知らぬように紡ぎだされるとは。驚きであった。

## 管をつけたフレッド・アステア

南仏でのワークショップ。Pは二、三年前から来ていた。べらべらうるさい人だけどいい人だぐらいの印象で、踊りにも目立ったところはなかった。そのPが一年前の冬に癌を患った。春ごろ、「相当悪いができるだけ治して、夏のワークショップに参加する」というメールをもらっていた。そして一九一六年夏。

会場についてPを見たときには、さすがにハッとした。頬は痩せお腹には管をつけそこから栄養を入れている。そんな姿でも舞踏のワークショップに参加しようとしている。彼にとって素晴らしいワークショップであってほしい、素晴らしい踊りを踊ってほしいと願った。ソファーに崩れている彼に、「三〇分でも踊らない」と手をさし伸べると、立ち上がって踊り始めた。優雅で軽やかで見えない手に操られているような、それまでの彼の踊りとは別人のようないい踊りだった。だれだったか（私自身だったかもしれない）「フレッド・アステアみたい！」と本人に向かって形容した。こんなときにまで冗談を言うのは、照れとほめて元気づけたい気持ちの入り混じった表現だったが、「管をつけたアステア」は空気の流れを作ってはその中を滑っていくような美しい感動的な踊りを踊った。それが彼の最後の踊りになった。Ｐの訃報に接したのはそれから数カ月後のことだった。

Ｐが最後の踊りを踊ってから数カ月の間、私の頭の中には“L'âme dansante”という言葉が響いていた。“L'âme dansante”（をどるたましひ）という標語は、二〇一二年のアヴィニヨン・ダンス・フェステイバルのときのパンフレットの表紙になったものである。生まれ変わり死に代わる「たましひ」。私は漢字で書くなら魂ではなく霊を使いたい。その読みは「たましひ」としたい。「魂」は死んだ後、「霊」になる。言い換えれば、不滅の霊が、ある肉体に入っている間は魂となる、というのが一般的なとらえ方のようである。また神道系の祝詞の中では、霊が「たまひ」と読まれていた。霊（たましひ）の語源は白川静氏の研究（『字訓』）では、霊、すべての活力の元であり、優れて威力のあるもの。中国で生命の原動力が雨に求められたので雨の字がつき、雨乞いの儀式と関係している。そのため古い字体では巫者の巫の字が下についていたとある。ヒの音については「チ」というもっとも原初的な霊的なものの呼び方に関係しているとか、日本では太陽光から根源的な力が来ると考えられたので、

L'âme dansante（をどるたましひ）

日と同じヒと呼ばれたのだという説などあるらしい。

そのようなわけで、私は勝手にお日さまのあまねく与える限りない力を思い描きながら、「たましひの踊り」を踊りたいと願っている。と、そう願いながらも実は迷い多き私なのだが、Pのように私を死ぬまで信じて舞踏してくれた人のことを思うと、「たましひだ」、「たましひが私たちを出合わせ、彼に美しい最期の踊りを踊らせたのだ」と強く感じるのだ。

## 地球に踊る

ヨーロッパに破竹の勢いで禅を広めた弟子丸泰仙は一九七一年、パリの日本大使館で昭和天皇、皇后陛下に特別拝謁し、「ヨーロッパでも仏教を信ずる人がいますか」との問いに「日本より熱心です」と答えている。それは合気道についてもいえることで、日本よりも数百倍の老若男女が合気道を熱心に習っている。フランスのバレエ界の女王シルヴィ・ギエムも合気道をやっている。コンテンポラリーダンス界の重鎮カトリーヌ・ディヴェレスも大野一雄のもとに通い、私も出演した二〇一二年、アヴィニヨン冬季ダンスフェスティバルでは、同じころに『O先生』という作品を発表していた。

そのように西欧に熱く求められているジャポン（日本）だが、ひるがえって実際のわが国はどうだろう。電車に乗れば、ほぼ全員が各自スマホをやっているこの時代に、「自・他未分化の原意識」とか「爬虫類脳的な野生に立ち返ろう」なんて言うのは、都会にキングコングが舞い降りたようなものになるのではないか？　毎日回覧板がゴミの出し方を注意し、どこの会館でも消毒の手洗い道具一式が入口にあり、薬には二〇ぐらいの注意事項が書いてあり……と、無菌状態できちんと片付いて、事故の責任を問われないことが至上命題となった「超管理社会」日本。六〇年代に「はぐれた」、「飼いならされた」と警告を発していた土方巽が、いまの様子を見たらどういうだろうか⁈

そんな日本を見ていてウラシマの私は思うのである。日本発で世界に広がった文化が逆に何か自国のヒントになるかもしれないと。「かつて魑魅魍魎と山の神の国で、カッパも座敷わらしもいた日本。そこから世界に類を見ない速さで西欧化した日本」その異常な展開に対する大きな疑問符として舞踏は生まれた。日本人の足や背骨にうずくまっている日本、それを背負って命がけで突っ立って踊った人たちがいた。人間は爬虫類脳を持った動物であることや、古来祖先や神と結びつく祭をやってきたというようなことから、あまり急激に遠く離れすぎるとおかしなことになりはしないか？

デカルトの国、つまり野生や狂気、呪詛、憑依、先祖の記憶などを封印してきた西欧の理性主義。その人たちがいま日本の心身技法に目を開かれて、動物としての、自然の一環としての人間のあり方に括目し、そこに安らぎや真の創造性を探そうとしている。これは私たちのゆく方についてのヒントにならないだろうか？

どこの国に行っても、それぞれの地のはらむ、あるいは一人ひとりの抱える深い根のようなところに降りていき、ともにはるかな記憶や深層を開拓する時間を持てた。

もはやどこの国の人というより、地球という星の地の声を聴き、森と対話し、天の星を感じながら、カラダの深くに眠る物語を語らせ始める。そうなるともう私たちは地球上の子どもたちのようなものである。モンスターになったり、赤ずきんになったり、クマになったり、蛇になったり、威張ったりナヨナヨしたり、王女メディアになったり木になったり風になったり……。「空っぽのたえざる入れ替え」が起こって、「つまずいて転ぶあいだに花」にもなる。

私の四〇年を総計すれば、そんな時間は何万時間にもなり、ワークショップ参加者や公演の観客数も何万人にもなるかもしれない。そんなたくさんの出会い、たくさんの時間が持てたことは本当に幸せなことである。それは彼らにとっても幸せなことであるらしく、「スマコ、どうしたらあなたをここに引き留められる?」などと言ってくれる。私も調子に乗って、「ここにスシとオンセンがあったらズーッと残るかもねー」などと返している。

# おわりに

フランスに滞在した三〇年というギャップを通してみてみると、バブル崩壊、シラケ、いじめ、福島など、さまざまな試練をかいくぐって身に付けた知恵というのか、かつてのように若者の熱い集団闘争という形ではない、もっと細やかで分散的な力が、静かに着実に進んでいくことが期待されます。当然ながらあの激越な時代の舞踏は形を変えていくでしょうが、私が一つだけ中心をとどめたいとすれば、それは「非理性の輝き」、管理される以前の生き生きとした「動物のカラダ、子どものココロ」ということです。

舞踏がけっして「自分のへそを見つめて内にこもり、自分の鬱屈を吐き出す」手段と誤解されないように。「をどるたましひ」に乗って天真爛漫に、子どもや猫のように気まぐれな遊びとともに時間と空間を飛んでいけますように。

そのためには技術の基礎訓練が必要です。舞踏は踊って踊って踊りぬいたニジンスキーのような体が、「私は肉体に宿った神だ」という感覚を持ったところから発しています。つまり肉体の超常現象です。

二〇代の私は、師の鈴木忠志さんも、三浦一壮さんも、すごく遠回りな基礎訓練ばかりしていると思っていました。何年も、来る日も来る日も六方踏みや走り込み、呼吸法や新体道の気の訓練……。

いつになったら演じたり踊ったりを教えてくれるのだろうと思っていたのです。横目で見ていた状況劇場や寺山修司さんたちのほうが、またダンスでもモダンやコンテンポラリーのほうが華やかで、時にうらやましく見えたりもしていました。

ところがこの地味で禁欲的な武道的訓練が、後のほぼ四〇年にわたるヨーロッパでの活動の基になったのです。日本の技法に注目し、それを肉体改造の基盤として取り入れたわが師らに感謝するとともに、日本の身体技法そのものの世界的価値に、いまさらながら感嘆の念を禁じえません。そしてデカルトを超え、二〇世紀フランス思想にも先駆けたカラダごとの思想、危機、死者、滑稽、舞姫……人間の命の闇と光すべてを包み込む舞踏に出会えた幸運を本当にありがたく思います。

文化大国の名に恥じない知と芸術の国フランスは、日本の文化・芸術を真摯なまなざしと広い懐で受け入れています。私にも物心両面の支援を惜しまず、アーティストとしての成長の場を与えてくれました。この国の文化・社会とその制度、共演者、友人たちにも深い感謝をささげたいと思います。

そして、この出版のきっかけをつくっていただいた美学者の谷川渥さんに、感謝いたします。最後に、ウラシマボケで言葉足らずの私を助け、本書の出版にご尽力いただいた論創社の志賀信夫さんに、心よりお礼を申し上げます。

## 主な参考文献


土方巽『土方巽全集Ⅰ、Ⅱ』河出書房新社、一九九八年
笠井叡『未来の舞踊』ダンスワーク舎、二〇〇四年
大野一雄『稽古の言葉』フィルムアート社、一九九七年
イェジュイ・グロトフスキー『実験演劇論』グロトフスキー、一九七一年
宇野邦一『土方巽―衰弱体の理論』みすず書房、二〇一七年
M・メルロー＝ポンティ『目と精神』みすず書房、一九六六年
フリードリッヒ・ニーチェ『ツァラトゥストラⅠ、Ⅱ』手塚富雄訳、中央公論新社、二〇〇二年
『道化師ツァラトゥストラの黙示録』細川亮一、九州大学出版会、二〇一〇年
ジャン＝ポール・サルトル『聖ジュネ』人文書院、一九六六年
西田幾多郎『西田幾多郎全集Ⅰ』岩波書店、二〇〇三年
C・G・ユング『分析心理学入門』みすず書房、一九七六年
湯浅康雄『気とは何か』NHKブックス、一九九一年
ジャック・ラカン『不安 上・下』岩波書店、二〇一七年
スタニスラフスキー『俳優修業』未来社、一九七五年
世阿弥『風姿花伝』中央公論社、一九六九年

シルヴィアーヌ・パジェス『欲望と誤解の舞踏』慶応義塾大学出版会、二〇一七年

**古関すま子**（こせき・すまこ）
1949年、京都生まれ。東京大学文学部卒業。在学中より、鈴木忠志（早稲田小劇場）に師事。ついで三浦一壮に舞踏、坪井香譲に新体道を師事。1977年に三浦率いる「舞踏舎」のメンバーとしてナンシー国際演劇祭に参加。グロトフスキーらと交流し、その後フランスに在住してバタクラン劇場、ロン・ポワン劇場、コメディ・フランセーズなどで舞踏活動を続ける。さらに、日本で駒澤大学、放送大学などで教鞭をとりつつ欧日を行き来し、アヴィニヨン演劇祭やフランス、チェコ、ギリシャなどに招聘され、公演やワークショップを行っている。現在、岡山市在住。

フランス舞踏日記 1977 〜 2017

---

2018年4月15日　初版第1刷印刷
2018年4月25日　初版第1刷発行

著　者　古関すまこ
発行人　森下紀夫
発行所　論 創 社
〒101-0051 東京都千代田区神田神保町 2-23　北井ビル 2F
TEL : 03-3264-5254　FAX : 03-3264-5232　振替口座　00160-1-155266
装幀／奥定泰之
印刷・製本／中央精版印刷
組版／フレックスアート
ISBN978-4-8460-1689-0 